Abitur-Training
Englisch

Herausgeber: David Clarke

Autorinnen und Autoren:
David Clarke, Petra Hobrecht, Kerstin Köhler, Katja Lieske, Susanne Mikus-Binkowski, Martin Weinreich

Fachliche Beratung: Helga Clarke, Ingrid Rossa

Abitur-Training

Englisch

Cornelsen

Vorwort

Abitur im Fach Englisch

Economy and Ecology

Relationships and Emotions

So trainieren Sie für die Abiturprüfung

Dieser Band ermöglicht Ihnen eine gezielte Abiturvorbereitung: Im Mittelpunkt steht das Training anhand von authentischen Aufgabenstellungen, die bereits als Prüfungsaufgaben im Abitur eingesetzt wurden. Darüber hinaus erhalten Sie Informationen über die Abituranforderungen für Ihr Bundesland (s. Steckbrief auf der inneren Umschlagseite).

Das Kapitel „Abitur im Fach Englisch" (s. S. 8 – 23) informiert Sie über alle wichtigen Abiturbestimmungen. Hier sind die bundesweit gültigen, für das Abitur relevanten Vorgaben der EPA Englisch (Einheitliche Prüfungsanforderungen Abitur Englisch der Kultusminister) zusammengefasst. Besonders hilfreich ist das Verzeichnis der Operatoren, in dem Sie die Formulierungen der Aufgabenstellungen erläutert finden (s. S. 14 – 23).
Im Hauptteil finden Sie repräsentative Trainingsaufgaben, mit denen Sie sich konkret auf die Abiturprüfung vorbereiten können. Die Aufgaben wurden sorgfältig ausgewählt und nach diesen Kriterien sortiert: die wichtigsten thematischen Schwerpunkte, die häufigsten Aufgabentypen und Textsorten sowie die nützlichsten Lösungsstrategien.

In den **Trainingsaufgaben** finden Sie authentische Aufgabenstellungen und Materialien. Die Trainingsaufgaben folgen immer dem gleichen Aufbau: Nach Nennung des Aufgabentyps und der Gattung (z. B. Interpretation und Analyse – Kurzgeschichte) folgt eine Tabelle, die Ihnen eine rasche Orientierung gibt: das Thema der Prüfung, der ausgewählte Text sowie das Leistungsniveau und die zur Verfügung stehende Bearbeitungszeit sind schnell erkennbar.

Lösungsvorschläge folgen auf jede Trainingsaufgabe:
- Die „Checkliste zur Selbsteinschätzung" verzeichnet Wissen und Kompetenzen, über die Sie beim Lösen der Aufgabenstellung verfügen sollten. Haken Sie vorhandene Kenntnisse und Fertigkeiten ab und tragen Sie ein, was Sie noch lernen müssen.
- Der weitere Lösungsweg (Wiederholung Teilaufgabe, Tipp, Erwartungshorizont, Arbeitsschritte, Stichpunktlösung) gliedert sich nach den einzelnen Aufgaben der gesamten Aufgabenstellung. So können Sie sich ganz auf die Lösung der Teilaufgabe konzentrieren.
- Die „Tipps" geben Ihnen Hinweise zum Verständnis der Aufgabenstellung.
- Der „Erwartungshorizont" zeigt Ihnen, was inhaltlich bei der Bearbeitung der Prüfungsaufgabe von Ihnen erwartet wird.
- Die „Arbeitsschritte" geben Hinweise, wie Sie Schritt für Schritt den Weg zur richtigen Lösung planen und umsetzen.
- Die „Stichpunktlösung" stellt die wichtigsten Lösungsaspekte zusammen. Vergleichen Sie Ihre eigenen Lösungen mit den Stichpunktlösungen und analysieren Sie auf dieser Basis Ihre Stärken und Schwächen.
- Mit dem „Lösungsformular" auf Seite 203/204 können Sie die methodische Herangehensweise an eine Abituraufgabe trainieren und den Lösungsweg notieren.

Bei der Vorbereitung für das Abitur und für die Abiturprüfung selbst wünschen wir Ihnen viel Erfolg!

Abitur im Fach Englisch

1 Die „Einheitlichen Prüfungsanforderungen in der Abiturprüfung“ (EPA)

Die in den EPA festgelegten Themen, Aufgabenstellungen und Anforderungen sind für Schülerinnen und Schüler in allen Bundesländern einheitlich und verbindlich.
Mit den EPA wird das Streben nach einem bundesweit gleichwertigen Abitur in die Praxis umgesetzt.
Bei den Fremdsprachen erreicht die Vereinheitlichung sogar ein noch höheres Niveau, da sich die EPA am „Gemeinsamen Europäischen Referenzrahmen für Sprachen“ orientieren. Dies bedeutet, dass sich das deutsche Abitur zumindest in den Fremdsprachen an eine europaweit gültige Vorgabe hält.

2 Anforderungen und Kompetenzen

Vergessen Sie nie, dass das Fach „Englisch“ heißt. Nicht „Soziologie auf Englisch“ oder „Wirtschaftswissenschaft auf Englisch“, sondern einfach „Englisch“.
Dies bedeutet, dass von Ihnen in erster Linie eine sichere und umfassende Beherrschung der englischen Sprache - und zwar auf einem relativ hohen Niveau - verlangt wird.
Der überragende Stellenwert dieser Anforderung wird sichtbar durch die Tatsache, dass 90 der zu erreichenden 150 Punkte für sprachliche Richtigkeit (30 Punkte) und Stil (60 Punkte) erteilt werden.
Aus dieser Punkteverteilung ist allerdings auch zu ersehen, dass die bloße sprachliche Richtigkeit einen geringeren Stellenwert erhalten hat - also *fluency before correctness.*
Führen Sie sich die Bedeutung dieser Festlegung vor Augen: Eine schwache Leistung im sprachlichen Bereich kann kaum durch gute Ideen und Einsichten auf der inhaltlichen Seite ausgeglichen werden.
Kompetenz bezeichnet die Fähigkeit, bestimmte Probleme selbstständig zu lösen. Dazu gehören neben allgemeinen Kompetenzen gute Sprachkenntnisse, Fachwissen und Kenntnisse über Arbeitsmethoden.
Das reine Fachwissen ist nur die Grundlage einer erfolgreichen Abiturprüfung. Bestimmte Zusammenhänge und Begriffe müssen natürlich bekannt sein. Darüber hinaus ist es im Abitur aber auch wichtig, dass Sie dieses Wissen anwenden und mit ihm konkrete Problemstellungen lösen können. Das Wissen wird nicht einfach abgefragt, sondern Sie brauchen es, um bei der Lösung der Aufgaben auf Bekanntes und Gelerntes zurückgreifen zu können.
Hinweis: Im Abitur wird eine Reihe von Anforderungen an Sie gestellt.
Dazu gehören:

- Sprachbeherrschung
- fachliche Kenntnisse
- die Kompetenz, mit dem Fachwissen konkrete Probleme lösen zu können
- eine fächerübergreifende Herangehensweise
- Einordnen von Themen in einen gesamtgesellschaftlichen Zusammenhang
- im Fach Englisch übliche Arbeitsmethoden
- allgemeine Arbeitstechniken wie der Umgang mit Texten

2.1 Sprachliche Kompetenzen

Verfasste Sprache ist wie eine Backsteinmauer. Die Backsteine sind die sinntragenden Wörter und Wendungen (Wortschatz), der Mörtel ist die Grammatik, die das Ganze zusammenhält.
Sind diese beiden oder eine der beiden Komponenten nur teilweise oder schwach vorhanden, fällt die Mauer zusammen.

2.1.1 Wortschatz

Zusätzlich zu guten Kenntnissen im Bereich des allgemeinen Wortschatzes *(transport vocabulary)* müssen Sie den Themenwortschatz *(topic vocabulary)* beherrschen, den Sie benötigen, um sich zu den im Unterricht behandelten Themen zu äußern.
Bei der Behandlung von literarischen Texten sowie von Textmerkmalen, wie z.B. Autorenabsicht und Wortwahl, benötigen Sie auch Fachvokabular *(literary terms, technical terms)*, das Sie während des Unterrichts sorgfältig notieren und anschließend lernen sollten.

Eine Vokabeldatei zusammenstellen

Machen Sie sich die Mühe und erstellen Sie Ihre persönliche Vokabeldatei.
Folgende Einteilung ist sinnvoll:
Auf die Vorderseite der Karte schreiben Sie das Stichwort *(headword)*, eine englische Definition und darunter geläufige Wendungen *(expressions)*, Ableitungen *(derivatives)* usw.
Im Idealfall sollte die Datei alle wichtigen Wörter und Wendungen und deren Ableitungen enthalten. Fügen Sie einen Anwendungssatz *(context sentence)* aus dem Unterricht hinzu, der Ihnen den gebräuchlichen Kontext liefert.
Geben Sie die deutsche Entsprechung des Wortes auf der Rückseite der Karte an, auf keinen Fall mit auf der Vorderseite.

Vorderseite einer Dateikarte:
to immigrate (-ed, -ed)
- *to move permanently to another country as seen from the host country (see: to emigrate)*
- *immigration (thing), immigrant (person)*
- *legal/illegal immigrant, poor immigrant*
- *immigrant family*
- *Our neighbour Christina immigrated into Germany from Boston.*

Wenn Sie Ihre Datei zusammengestellt haben, haben Sie schon einen gewaltigen Schritt in Richtung Wortschatzarbeit getan.

Mit Dateikarten arbeiten

Nun folgt die Sicherung des Wissens in kleinen Schritten:
- Nehmen Sie sich nach dem Zufallsprinzip *(at random)* vier bis fünf Karten und trainieren Sie damit Ihr Gedächtnis. (Das scheint nur wenig zu sein, kann aber bis zu 50 oder 60 Wörter pro Monat ausmachen.)
- Befestigen Sie die Karten dort, wo Sie sie häufig sehen, z.B. in der Nähe Ihres Schreibtisches, in der Küche oder sogar im Badezimmer.
- Versuchen Sie nicht, die Wörter krampfhaft auswendig zu lernen. Viel effektiver ist, sie ganz entspannt hin und wieder zu wiederholen, möglichst im Zusammenhang mit anderen Wörtern oder Wortfeldern.

Hinweis: Da Bewegung Lernen fördert, ist es eine gute Idee, die Dateikarten in die Tasche zu stecken und sich unterwegs im Bus oder in der Bahn damit zu beschäftigen. Am besten ist es, wenn Sie die Wörter einer anderen Person erklären. Das ist die nachhaltigste Methode, um sich Lernstoff einzuprägen.

2.1.2 Grammatik

Grundlagen der Grammatik haben Sie in der Sekundarstufe I vermittelt bekommen. Nun kommt es darauf an, diese sicher in größeren Textzusammenhängen anzuwenden.
Vielen Schülern unterlaufen dabei Fehler, die sie vermeiden können, wenn sie sich der „Stolpersteine" bewusst werden. Nehmen Sie sich Zeit für einen groben Überblick über wesentliche grammatische Strukturen.
Die im Folgenden genannten grammatischen Erscheinungen sollten Sie unbedingt beherrschen. Dies ist übrigens eine Mindestauswahl, die sich an der Fehlerhäufigkeit in Klausuren orientiert.

- Die **Zeiten des Präsens,** d. h. das *simple present,* das *present progressive* und das *present perfect* mit *for/since, already, yet/still not*
  Merken Sie sich, dass wir das *simple present* benutzen, um über Texte und grafische Darstellungen zu sprechen, und das *present progressive,* um den Inhalt von Bildern und Cartoons zu beschreiben.
- Die **Zeiten in *if*-Sätzen,** insbesondere Typ II:
  - *If interest rates were lower, Africa might develop faster.*
- Die **Zeitenverschiebung** in der indirekten Rede:
  Steht das einleitende Verb *(introductory verb)* im Präsens, gibt es keine Zeitenverschiebung *(tense shift):*
  - the writer: *We have to accept that the only answer to poverty is a massive redistribution of wealth from developed to developing economies.*
  - indirect quotation: *The writer says that the only solution to poverty is a redistribution of wealth from developed to developing economies.*
- **Verb + Infinitiv, Verb + Gerundium:**
  Bei Verb + Verb-Zusammensetzungen verlangen einige Verben den Infinitiv, andere das Gerundium. Am besten lernt man diese beiden Gruppen auswendig.
  Eine kleine Gruppe von Verben - z. B. *stop, forget, remember* - verlangen je nach Bedeutung den Infinitiv oder das Gerundium.
  - *Did you remember to record* Forrest Gump?
  - *Do you remember seeing* Forrest Gump *in English?*
- Die **Satz- und Wortstellung,** besonders von Adverbien:
  Bei Satzadverbien am Satzanfang *(front position)* bleibt im Englischen die Satzstellung (S - P - O) bestehen, es gibt also keine Inversion:
  - *Of course we are worried about outsourcing.* (Nicht: ~~Of course are we~~ ...)
- Der Gebrauch von **Konjunktionen** *(connectors),* um Sätze und Satzteile miteinander zu verbinden: Zusätzlich zu den sehr geläufigen Konjunktionen *and, or, but* und *because* sollten Sie sich auch *furthermore* (außerdem), *moreover* (zudem), *whereas* (während), *although* (obwohl), *however* (jedoch), *not only ... but also ...* (nicht nur ..., sondern auch ...), *both ... and ...* (sowohl ... als auch ...) und *even if* (sogar wenn) aneignen.

Hinweis: Die folgenden Websites bieten gute Möglichkeiten an, schwierige Grammatikthemen gezielt und zeitsparend aufzufrischen:
- www.englishclub.com/grammar (auf Englisch)
- www.bbc.co.uk/worldservice/learningenglish/grammar (auf Englisch)
- www.ego4u.de/de/cram-up/grammar (auf Deutsch oder Englisch)

Für alle Aspekte der Sprache ist diese Website zu empfehlen:
- www.sparknotes.com

2.2 Fachliche Inhalte

Themen

Da das Niveau der Anforderungen zum Zeitpunkt des Abiturs hoch ist, sind die vorgesehenen Themen erwartungsgemäß sehr breit angelegt. Sie kommen sowohl im Bereich fiktionale (s. u.) als auch im Bereich nicht fiktionale Texte (und sonstige Informationsträger) vor und betreffen beide Kursarten, Leistungskurse (LK) wie Grundkurse (GK). Obwohl es in den einzelnen Bundesländern kleine Unterschiede in der Formulierung geben kann, sind folgende Themenbereiche festgelegt:
- *Globalisation, global challenges*
- *Social developments and problems*
- *Developments in the USA, focus: immigration (American Dream), values and visions*
- *Postcolonial Britain/Europe, focus: migration and multiculturalism*
- *Developments in modern Britain, focus: constitution, role of monarchy*
- *Utopia and dystopia, focus: new technologies*

Textsorten

Folgende nicht fiktionale Textsorten *(non-fictional kinds of text)* sollten Sie kennen:
- informative Texte *(informative texts)*, z. B. Zeitungsberichte *(press reports)*
- erläuternde Texte *(explanatory texts)*, z. B. Zeitungsreportagen *(press articles/feature articles)*, Kommentare *(commentaries)*
- argumentative Texte *(argumentative texts)*, z. B. Leitartikel *(leaders)*, Leserbriefe *(letters to the editor, readers' letters)*
- appellative Texte *(persuasive texts)*, z. B. Werbeanzeigen *(advertisements)*

Folgende fiktionale Textsorten *(fictional texts)* sind vorgesehen:
- Kurzgeschichten *(short stories)*
- Romane *(novels)*
- Theaterstücke *(plays)*
- Gedichte *(poems)*
- *political cartoons*

2.3 Arbeitstechniken

Abgesehen von guten Vokabelkenntnissen und einer sicheren Beherrschung der Grammatik (s. o.) sind die folgenden Basisfertigkeiten *(basic skills)* unentbehrlich für das schriftliche Abitur:
- das intensive Lesen, am besten mithilfe von Methoden der Worterschließung (s. Hinweis unten)
- das produktive Schreiben, vorzugsweise auf der Basis von Mindmaps und/oder *topic webs* (s. Hinweis unten)

Intensives Lesen zum Detailverständnis
Im Englisch-Abitur ist das Detailverständnis eines vorher unbekannten Originaltextes eine unverzichtbare Voraussetzung zur Bearbeitung der Abituraufgaben.
Dieses Detailverständnis verlangt intensives Lesen des Textes mithilfe eines ein- bzw. zweisprachigen Wörterbuchs und vielleicht einiger Worterklärungen am Ende des Textes. So können Sie Ihre Lesefertigkeit optimieren:

- Verwenden Sie Techniken der Worterschließung (s. Hinweis unten), um unbekannte Wörter ohne Wörterbuch zu verstehen.
- **Vor dem Lesen** überlegen Sie,
  a) was Sie zu dem Thema schon wissen und
  b) welche neuen Informationen der Text liefern könnte *(predicting)*.
- **Während des Lesens** unterstreichen Sie sinntragende Schlüsselwörter und markieren wichtige Aussagen.
- **Nach dem Lesen** erzählen Sie den Text im Kopf nach: Was ist das Ziel oder die Absicht des Textes? Was ist die Hauptidee bzw. welches sind die Hauptideen? Welche neuen oder interessanten Informationen, Einsichten oder Argumente beinhaltet er? Hier können auch Mindmaps (für persönliche Gedanken, Ideen, subjektive Gefühle usw.) und *topic webs* (für objektive Fakten, Meinungen von Dritten usw.) sehr nützlich sein.

Hinweis: Um wertvolle Zeit zu sparen, greifen Sie nicht gleich zum Wörterbuch. Benutzen Sie lieber folgende Leitfragen, um die Bedeutung unbekannter Wörter zu „erschließen“:

- Gibt es ein ähnliches Wort im Deutschen, in Ihrer eigenen Muttersprache oder gegebenenfalls in einer Ihnen bekannten anderen Fremdsprache?
- Können Sie die wahrscheinliche Bedeutung des Wortes aus dem Kontext erschließen?
- Kommt ein Synonym des Wortes in demselben oder in einem der nachfolgenden Sätze vor?
- Kennen Sie ein anderes Wort derselben Wortfamilie, z. B. *narrate* (Verb); *narrative/ narration, narrator* (Nomen); *narrative* (Adjektiv)?
- Könnte die Wortbildung hilfreich sein, indem Sie Vor- oder Nachsilben abtrennen oder die Teile zusammengesetzter Wörter *(compounds)* einzeln betrachten?

Produktives Schreiben
So können Sie Ihre Schreibfertigkeit optimieren:

- Fangen Sie erst an zu schreiben, wenn Sie wissen, was Sie sagen wollen. Schreiben Sie auf keinen Fall einfach los!
- **Vor dem Schreiben** sammeln Sie nützliche Wörter bzw. Ausdrücke zum Thema. Diese können Sie sehr gut in Form einer *word spider* (auch *network* genannt) organisieren. Erstellen Sie eine Gliederung *(outline)* oder machen Sie sich zumindest einige Notizen zum Aufbau des geplanten Textes.
- **Während des Schreibens** achten Sie auf die Einteilung in verschiedene Abschnitte und die Anwendung von Konjunktionen, um die Abschnitte sinnvoll miteinander zu verknüpfen. Achten Sie außerdem unbedingt auf den Gebrauch eigener Formulierungen (s. Hinweis S. 13).
- **Nach dem Schreiben** kontrollieren Sie Ihren Text und verbessern Sie alle Fehler, die Ihnen auffallen. Achten Sie auf die Rechtschreibung, besonders der Wörter, die auch im Text vorkommen.

Hinweis: Bei der eigenen Textproduktion besteht eine Hauptanforderung darin, nicht einfach vom Original abzuschreiben, sondern eigene Formulierungen zu verwenden. Daher können Randvermerke wie z. B. „genau wie im Text" oder „originaler Wortlaut" zu einem schmerzlichen – und übrigens völlig vermeidbaren – Punktverlust führen.
Hier finden Sie drei Möglichkeiten, das Original sprachlich zu bearbeiten:

- Als ersten Schritt suchen Sie Synonyme für im Text verwendete Wörter und Ausdrücke:
  - Original: *In developed economies, globalisation has undoubtedly led to a considerable loss of jobs in manufacturing.*
  - Neu formuliert: *In industrialised countries, globalisation has certainly caused a big decrease in factory jobs.*
- Als zweiten Schritt könnten Sie einige grammatische Strukturen verändern, z. B. eine Aktivstruktur in eine passive verwandeln:
  - *In industrialised countries, a big decrease in factory jobs has certainly been caused by globalisation.*
- Eine dritte Möglichkeit ist, die Reihenfolge der im Text zu findenden Aussagen oder Wendungen umzustellen:
  - *A big decrease in factory jobs in industrialised countries has certainly been caused by globalisation.*

3 Anforderungsbereiche

Die Fragen der Abituraufgaben werden in drei verschiedene Anforderungsbereiche, d. h. Schwierigkeitsgrade, unterteilt. Jede Prüfung enthält Aufgaben aus allen drei Anforderungsbereichen.
In den drei Anforderungsbereichen werden folgende Schwerpunkte gesetzt:

- **Anforderungsbereich I:** *Comprehension/orientation/context*
  Hier geht es um eine sprachlich angemessene Wiedergabe des Inhalts von Texten oder anderen Materialien auf der Grundlage von im Unterricht erlerntem Wissen.
- **Anforderungsbereich II:** *Analysis*
  Dieser Anforderungsbereich umfasst das Erklären, Verarbeiten und Darstellen bekannter Sachverhalte mit neuen Fragestellungen. Gefordert wird das selbstständige Übertragen von Gelerntem auf vergleichbare Sachzusammenhänge.
- **Anforderungsbereich III:** *Evaluation: comment or recreation*
  Dieser Bereich bezieht sich auf das Werten und Gestalten. Komplexe Sachverhalte müssen planmäßig bearbeitet werden. Ziel ist es, selbstständig zu Lösungen, Deutungen, Folgerungen, Begründungen oder Wertungen zu gelangen. Methoden und Lösungsverfahren müssen von Ihnen selbst gewählt werden.

In der schriftlichen Abiturprüfung müssen Sie Kenntnisse und Fertigkeiten aus den vier Bereichen des Faches nachweisen:

- Sprache,
- interkulturelle Kommunikation,
- Umgang mit Texten und Medien sowie
- fachspezifische Methodik und Lern- und Arbeitstechniken.

Anhand von Arbeitsanweisungen müssen Sie eine oder mehrere englischsprachige Textvorlagen bearbeiten (Textrezeption) und einen zusammenhängenden, eigenständigen Text verfassen (schriftliche Textproduktion).
Vorlagen können sein:

- Literarische Texte und Sachtexte,
- audio-visuelle Vorlagen und Hörtexte,
- Bilder und Grafiken.

4 Operatoren – wissen, was zu tun ist

Die Operatoren sind Arbeitsanweisungen, die angeben, was bei der einzelnen Aufgabe genau zu tun ist, z. B.:
Analyse the means the author uses to illustrate his views. Comment on Springsteen's commitment as an artist (siehe *Relationships and Emotions,* Trainingsaufgabe 4).
Die Operatoren sind weitgehend standardisiert. Wenn Sie sich genauer mit ihnen beschäftigen, können Sie Art und Umfang der geforderten Leistung gut einschätzen, was auch hilfreich ist, um die zur Verfügung stehende Zeit sinnvoll einzuteilen. Neben den Operatoren gibt aber auch die angegebene Punktzahl einen wichtigen Hinweis auf den erforderlichen Umfang!
Im Folgenden werden die Operatoren nach den Anforderungsbereichen geordnet aufgeführt, ihre genaue Bedeutung anhand von Beispielen erläutert und häufig auch passende Vokabeln oder Redewendungen genannt, die hilfreich für die Bearbeitung der Aufgabe sind.

4.1 Operatoren im Anforderungsbereich I

- *describe* **beschreiben;** eine detaillierte und möglichst konkrete Darstellung geben (auch Anforderungsbereich II)
  - *Describe the setting of the story and its effect on the characters' state of mind.*
  - *Describe the situation in the cartoon by referring to the text and point out its message.*

Nützliche Formulierungen und Redewendungen:
Die Beschreibung von Cartoons:

- *The cartoon/drawing/photo/picture illustrates/portrays/shows ...*
- *In the cartoon/drawing/..., we can identify/see/make out ...*
- *in the foreground/background/middle distance (nicht: "middleground"!)*
- *at the top/bottom*
- *in the middle; in the upper/lower half*
- *on the left/right; at the right/left side*
- *in the top right/left corner; in the bottom right/left corner*
- *the speech/thought bubble says "..."*
- *the caption says that/tells us that this is a photo/... of*
- *the artist uses a label/labels which says/say ...*

- *outline* **umreißen;** nur die Schwerpunkte eines Themas präsentieren, ohne ins Detail zu gehen
  - *Outline the author's views on the effects of globalisation on the developing world.*

Nützliche Formulierungen und Redewendungen:
- *The author's/writer's main/most important/principal arguments are ...*
- *The most important/significant point(s) (that) the author makes is/are ...*
- *In outline, the author's/... point is that ...*
- *Without going into detail, the text makes clear that ...*
- *Turning to the effects of globalisation/..., the writer's main point is ...*
- *As far as globalisation/... is concerned, the writer focuses on ...*

- *point out* **hinweisen auf;** gewisse Aspekte eines Themas herausfiltern und erklären
  - *Point out the writer's attitude to artificial insemination.*

Nützliche Formulierungen und Redewendungen:

The author/writer/journalist/reporter ...
- *... describes the situation of ...*
- *... informs the reader about ...*
- *... tries to persuade the reader to ...*
- *... tells the reader how to ... most effectively/easily*
- *... explains the situation of .../the sequence of events leading to ...*
- *... attacks the idea that ...*
- *... doubts the evidence for .../that ...*
- *... criticises the attitude of ...*
- *... questions the facts about ...*
- *... pokes fun at/ridicules the idea that .../of ...*
- *... speaks in an exaggerated way about ...*
- *... gives a biased/one-sided view of ...*
- *... warns of the possibility/likelihood that .../of ...*
- *... defends the argument that ...*
- *... tries to be objective about ...*
- *... seems to have a neutral/balanced attitude towards ...*

- *present* **darstellen;** (neu) strukturieren und niederschreiben
  - *Present the situation of the main character at the beginning of the story.*
- *state* **darlegen;** klar und unmissverständlich sagen/schreiben
  - *State briefly the problems faced by ethnic minorities in the UK.*

  Hinweis: Der Operator *state* bezieht sich ausschließlich auf den tatsächlichen Inhalt eines Textes. Bringen Sie auf keinen Fall Ihre eigene Meinung ein!
- *summarise* **zusammenfassen;** eine kurze Darstellung der Schwerpunkte eines Textes geben/*write a summary* **eine Zusammenfassung schreiben**
  - *Summarise the information on the dangers of climate change given in the text.*
  - *Write a summary of the author's position on climate change.*

  Hinweis: Bei der Zusammenfassung eines Ganztextes wird das Original auf eine Länge von etwa einem Drittel reduziert.

  Viele Zusammenfassungen beinhalten unnötige Details und Nebensächlichkeiten. Daher: *When in doubt, leave it out* (im Zweifelsfall: weglassen).

  Notieren Sie Schlüsselwörter, die auf die Hauptinformationen des Textes verweisen.

(Die sechs Fragewörter wer?, was?, wo?, wann?, wie? und warum? können Ihnen helfen, Schlüsselwörter leicht zu erkennen.)
Benutzen Sie Aufzählungen *(enumerators)* und Konjunktionen *(connectors)*, um eine Zusammenfassung zu strukturieren und um Sätze und Absätze miteinander zu verbinden.

Nützliche Formulierungen und Redewendungen:
- *firstly/secondly/...; to begin with*
- *then; after that; goes on to say/emphasise/...*
- *finally (nicht: ~~at/in the end~~); in conclusion*
- *although; moreover; furthermore; ...*
- *on the one hand ..., but on the other (hand) ...*
- *either ... or ...; neither ... nor ...*
- *despite/in spite of this; nevertheless; ...*

4.2 Operatoren im Anforderungsbereich II

- *analyse* **analysieren;** *examine* **untersuchen;** gewisse Aspekte und/oder Merkmale eines Textes beschreiben und erklären
  - *Analyse the opposing views on social class held by the two protagonists.*
  - *Examine the author's use of language.*

Nützliche Formulierungen und Redewendungen:
Die Einstellung des Autors analysieren/untersuchen:
The writer ...
- *attacks the idea that ...*
- *doubts the evidence for .../that ...*
- *questions the facts about .../the claim that ...*
- *criticises the attitude of ...*
- *pokes fun at .../ridicules the idea/suggestion that ...*
- *gives a prejudiced/one-sided picture/view of ...*
- *warns of a development that could/might ...*
- *has a critical/objective/sceptical view of ...*
- *has a/an approving/positive/disapproving/negative attitude towards ...*

Den Sprachgebrauch analysieren/untersuchen:
- *The author makes use of colloquial/informal/formal language.*
- *The author's use of words and expressions like ... and ... shows ...*
- *The author's use of ... is a play on words as it can be understood to mean ...*
- *The author's attitude to ... is expressed by his use of language like ...*
- *The author's use of stylistic devices such as ... and ... emphasises that.*

- *characterise* **charakterisieren;** *write a characterisation* **eine Charakterisierung schreiben;** die Charaktere beschreiben und untersuchen, wie sie präsentiert werden
  - *Characterise the main characters in the play.*
  - *Examine how the principal figures are characterised.*
  - *Write a characterisation of the main protagonists in the story.*

  Hinweis: In der Literaturwissenschaft unterscheiden wir zwischen der direkten und der indirekten Charakterisierung:

- Unter direkter Charakterisierung verstehen wir die unmittelbare Beschreibung einer Person durch den Autor/die Autorin oder durch einen anderen Charakter.
- Die indirekte Charakterisierung dagegen ist die mittelbare Schilderung einer Person anhand ihres Verhaltens. Es wird also der Leserin oder dem Leser überlassen, selbst Rückschlüsse zu ziehen.

Nützliche Formulierungen und Redewendungen:

Charakterisierung von Personen:

- *(to) characterise a person directly/indirectly*
- *(to) describe a character/person/protagonist*
- *(to) get/receive information about/insights into a character's personality/ state of mind*
- *(to) begin by telling the reader that ...*
- *(to) transmit information about ... by ...*
- *(to) understand that ... is a/an emotional/strong/weak/dishonest/hypocritical/... person because we are told/read/hear that ...*
- *(to) interpret a character's actions as suggesting that ...*

Positive Charaktermerkmale:

agreeable (angenehm), cooperative, courageous, fair/fair-minded, generous, honest, loyal, nice, open, pleasant, predictable (berechenbar), reliable (zuverlässig), tolerant, trustworthy, understanding, warm-hearted, well-behaved ...

Negative Charaktermerkmale:

aggressive, boastful (angeberisch), brutal, cold, cynical, disagreeable (unangenehm), disloyal, greedy, mean (gemein), narrow-/small-minded (engstirnig), nasty, pompous, promiscuous (den/die Sexualpartner/-in häufig wechselnd), sly (gerissen), unfair, unpleasant, unpredictable (unberechenbar), unreliable (unzuverlässig), violent, vulgar ...

Vorsicht: Im Bereich der negativen Merkmale werden besonders häufig Fehler gemacht, da sie oft in einem anderen Kontext verwendet werden als im Deutschen!

- *compare* **vergleichen;** Ähnlichkeiten und Unterschiede ermitteln und aufzeigen (auch Anforderungsbereich III)
  - *Compare the two characters' attitudes to the war.*

Nützliche Formulierungen und Redewendungen:

- *(to) compare a person/place/thing ... with another person/...*
- *(to) differentiate between ... and ... in so far as ...*
- *(to) weigh/balance/measure the differences/similarities between ... and ...*

- *describe* **beschreiben;** eine detaillierte und möglichst konkrete Darstellung geben (auch Anforderungsbereich I)
  - *Describe how the writer creates an atmosphere of suspense.*

  auch möglich in „Kombiaufgaben", Anforderungsbereiche I und II:
  - *Describe and interpret the cartoon.*
  - *Describe the situation in the cartoon by referring to the text and point out the cartoon's message.*

Nützliche Formulierungen und Redewendungen:

Die Interpretation von Cartoons:
- *Only the ... is what he/she/it appears to be.*
- *The (remaining) characters/artefacts represent/stand for/symbolise other people/things.*
- *The labelling makes clear that the ... represents/stands for ...*
- *The message of the cartoon is ...*
- *I think the cartoon intends/wants to make clear/say that ...*
- *Like all political cartoons, this one criticises ... by poking fun at/ridiculing ...*

- *explain* **erklären;** beschreiben und im Detail definieren
  - *Explain the protagonist's obsession with making money.*
  - *Explain how the pie chart and the line graph support the writer's view.*

Nützliche Formulierungen und Redewendungen:

Die Erläuterung von grafischen Darstellungen:
- *The line graph deals with/shows the relationship between productivity and labour costs in manufacturing industries between 1990 and 2005.*
- *The bar chart compares the pay of men and women in Sweden and the UK from 2000 to 2006.*
- *The pie chart deals with/shows the distribution of seats in the US Congress after the last election.*
- *The line rises gradually/slowly/sharply/steeply/fast and peaks at/reaches a peak at ...*
- *The line falls gradually/slowly/sharply/steeply/fast and bottoms out at ...*
- *The graph shows/illustrates a steady/sharp increase/rise/decrease/fall in street crime over the last two/... years/...*
- *The pie chart is divided into five segments showing the number of votes won by the five main parties in the federal election of 2005.*
- *The pie chart shows/makes clear the current distribution of jobs in manufacturing and service industries in the USA.*
- *The statistics present data about/on youth unemployment in the EU/... at the end of 2007.*
- *According to official/UN/... statistics, poverty is increasing in Africa/...*
- *The statistics on/relating to outsourcing to Central Europe/Asia suggest that ...*
- *The data is statistically insignificant (statistisch unbedeutend) because it falls within a 2 % margin of error.*
- *The statistics/figures are misleading because they do not include/take account of/take into account absence through ill health/...*

- *illustrate* **veranschaulichen;** erklären bzw. verdeutlichen anhand von Beispielen
  - *Illustrate the author's use of metaphorical language.*

Nützliche Formulierungen und Redewendungen:

Gebrauch von Stilmitteln:

- *(to) make use of a stylistic/literary device*
- *(to) employ/use hyperbole/repetition/... when describing/speaking of ...*
- *(to) make use of a simile/... to describe ...*
- *(to) use understatement/... as when the author says in line .../in lines ... and ...*
- *the author's use of repetition/... in line ... makes his/her attitude clear to the reader*
- *the author's style is formal/colloquial as when he/she writes in lines ... to ... "..."*
- *the writer is highly critical of ... as when he/she refers to/points out that ...*

Funktion von Stilmitteln:

- *(to) emphasise/stress a point/an argument*
- *(to) highlight a key event/incident*
- *(to) make one's opinion/position/meaning clear to the reader*
- *(to) create a colourful/vivid impression by making use of ... in lines ...*
- *(to) make use of hyperbole/... for emphasis*
- *(to) use metaphorical language to make clear one's intention/meaning*
- *(to) sound friendly/confiding by using the language of everyday speech*

- *interpret* **interpretieren;** Bedeutung herausarbeiten
  - *Interpret the message that the author evidently wishes to convey.*

Nützliche Formulierungen und Redewendungen:

- *(to) interpret a cartoon/drama/novel/poem/short story/...*
- *(to) interpret an extract/a passage/a quotation/a scene from ...*
- *(to) concentrate/focus on ...*
- *(to) emphasise/highlight/stress ...*
- *(to) clarify/make clear/illuminate/shed light on*
- *(to) understand/take to mean*
- *(to) assume/read ... into ...*
- *The apparent meaning of this event/incident is ..., but its submerged meaning is/may be taken/understood to be ...*

Interpretation des Sprachgebrauchs:

- *(to) examine/investigate an author's use of imagery/symbolism, for example ...*
- *(to) look at an author's use of language/style*
- *(to) explore a writer's use of literary/stylistic devices*
- *(to) represent/symbolise/stand for ...*
- *The author's/writer's choice of words/style is formal/informal/colloquial as when he/she says ...*
- *The author's/writer's use of language/choice of words indicates to the reader that he/she ...*

Interpretation der Einstellung des Autors:
The author/writer ...

- *... attacks the idea that ...*
- *... doubts the evidence for .../that ...*
- *... criticises the attitude of ...*
- *... questions the facts about ...*
- *... pokes fun at/ridicules the claim/idea that .../of (+ gerund!)*
- *... speaks in an exaggerated/inflated way about ...*
- *... gives/presents a biased/prejudiced/one-sided picture/view of ...*
- *... warns of a development that might/could ...*
- *... defends the argument that ...*
- *... is convinced of the fact that ...*
- *... has a (highly) emotional/judgemental/personal/subjective attitude towards ...*
- *... seems to have a balanced/impersonal/neutral/objective attitude towards ...*
- *... has a critical/sceptical view of ...*
- *... has an approving/disapproving opinion of ...*
- *When he/she says "...", the writer is being ironical/sceptical/...*
- *His/Her view/attitude is prejudiced/... because he/she says "..."*

4.3 Operatoren im Anforderungsbereich III

- *assess* **beurteilen;** Gründe für oder gegen etwas darstellen und ausgewogen beurteilen
  - *Assess the importance of cheap energy in economic progress.*

Nützliche Formulierungen und Redewendungen:

- *(to) assess a course of action/decision/policy/situation*
- *(to) assess the importance/significance of ...*
- *(to) examine a decision/situation and pass judgement on it*
- *(to) make up one's mind about ...*
- *(to) arrive at a (final) decision/position about/on ...*
- *In/When assessing the problem/issue/question of ..., it is necessary/useful to take the following factors into account before arriving at a final judgement/opinion. Firstly, ..., secondly, ...*
- *An assessment of ... presupposes/requires an examination of a number of/several factors, namely ...*
- *The author's/writer's assessment of ... is quite different from my own. In my view, it is quite clear that ...*
- *I share the author's assessment of ... in so far as/to the extent that ..., but in my opinion he/she exaggerates/underestimates/places too much/little emphasis on ...*
- *In arriving at a final judgement/opinion, I have placed a high value on ..., which I consider/think to be decisive.*

- *comment* **kommentieren;** die eigene Meinung zu dem Thema ausdrücken und begründen
  - *Comment on the author's claim that the lack of women in senior management can be traced to a weakness in the role of women in society.*

Hinweis: Es kommt häufig vor, dass ein Kommentar in Form eines Leserbriefes *(letter to the editor, reader's letter)* verlangt wird.
Ihr Brief sollte folgende Bestandteile aufweisen:

- Absender *(writer's/sender's address),* Datum *(date),* Empfänger *(addressee),* Anrede *(salutation),* Brieftext *(body of the letter),* Schlussformel *(complimentary close)*

Achten Sie unbedingt auf die formellen Merkmale:

- *Dear Sir or Madam* (kein Komma)
- *I refer to your leader about* ... (folgende Zeile)

oder

- *Sir or Madam – I refer to your leader about* ... (gleiche Zeile mit Gedankenstrich)

Schreiben Sie den Brief kurz und bündig, damit er gelesen und eventuell veröffentlicht wird. Benutzen Sie einen formellen Stil.

- *compare* **vergleichen;** Ähnlichkeiten und Unterschiede ermitteln und aufzeigen (auch Anforderungsbereich II)
  - *Compare Alan Brown's and Joan Garner's opposing views on preschool education.*

Nützliche Formulierungen und Redewendungen:

- *In comparison with ..., ... is/appears to be ...*
- *When compared with ..., ... may be seen as/seems ...*
- *A comparison between ... and ... suggests that ...*
- *On the one hand, we gather/hear/read/understand that ... is ..., but on the other (hand) we also ...*
- *In so far as ... is ..., the reader understands that he/she/it is ...*
- *When comparing ... with ..., it is necessary/useful to note that ...*
- *The author/writer points out the similarities/differences between ... and ...*
- *In explaining/pointing out the similarities/differences between ... and ..., the author/writer intends to express the idea that ...*

- *contrast* **kontrastieren;** Unterschiede identifizieren und darstellen (vgl. *compare*)
  - *Contrast the author's view of human aggression with the theories of aggression that you have read about.*

Nützliche Formulierungen und Redewendungen:

- *(to) contrast one opinion/position/view with another*
- *(to) draw up/point out the difference(s) between ... and ...*
- *(to) differentiate between ... and ...*
- *The contrast between ... and ... could hardly be greater/more marked.*
- *In contrast to ..., ... is/seems/may be said to be ...*
- *The author/writer draws a contrast between ... and ..., but this is flawed/misleading/mistaken/not the case. In my own opinion, the similarities are greater than the differences. For example, ...*
- *Any contrast between ... on the one hand, and ... on the other, must/should concentrate/focus on the issue/question of ...*

- *discuss* **diskutieren;** ein Thema argumentativ mit Gründen dafür und dagegen untersuchen
  - *Discuss the implications of globalisation as described in the press article.*

Nützliche Formulierungen und Redewendungen:

Einleitung des Themas:
- *It is important/useful to begin/open by saying/pointing out that ...*
- *It makes sense to start by asking whether ...*
- *There are a number of points/issues to consider here.*
- *There are several questions to think about when discussing ...*
- *The issues I want to mention/discuss here are ...*
- *In my opinion/view ...*
- *From my (own) point of view it is clear that ...*
- *Some may disagree, but I feel/think that ...*

Auflistung erstellen:
- *First, .../First of all, ...*
- *Secondly, .../Thirdly, ...*
- *Finally, .../Lastly, .../Last of all ...*

Inhalte mit besonderer Betonung hinzufügen:
- *In addition, ...*
- *Moreover, .../Furthermore, ...*
- *What is more, ...*
- *Not only ..., but ... also ...*
- *Another (important) point to consider is : ...*
- *A further point to emphasise/note ...*
- *It is often forgotten/overlooked that ...*
- *Even if that was not the case, we must not forget that ...*

Alternativen und Gegensätze angeben:
- *Alternatively, ...*
- *On the one hand, ... on the other (hand), ...*
- *However, .../Although .../Even though ...*
- *Despite (+ Gerundium)/In spite of (+ Gerundium)*

Gründe und Ursachen definieren:
- *Because .../Since ...*
- *The reason(s) for ... is/are that ...*
- *The reason why ... is that ...*
- *The cause(s) of this situation is/are ...*

Ergebnisse und Auswirkungen definieren:
- *As a result (of this), .../As a consequence (of this), ...*
- *The effect of this is that ...*
- *The (inevitable) result of this situation/state of affairs is that ...*

Schluss:
- *To sum up, ...*
- *In short, .../In general, ...*
- *On the whole, it can be said that ...*
- *In conclusion, then, it is clear that ...*
- *To conclude, therefore, it is hard to deny that ...*

- *evaluate* **auswerten;** nach gründlicher Überlegung eine begründete Meinung bilden
  - *Evaluate the impact of illegal immigration on the American Dream.*

  Hinweis: Im modernen Gebrauch sind *evaluate* und *assess* faktisch synonym. Als Operator *(operative verb)* jedoch verlangt *evaluate* kein endgültiges Urteil. Bei *assess* dagegen sollte man eine Meinung auf Basis der Auswertung formulieren.

Nützliche Formulierungen und Redewendungen:

- *(to) evaluate a course of action/state of affairs*
- *(to) evaluate/weigh up the worth of ...*
- *(to) examine a decision/situation*
- *(to) make up one's mind about ...*
- *(to) form an opinion about/on ...*
- *(to) get/receive an impression of ...*
- *In/When evaluating the problem/question of ..., it is necessary/useful to take the following factors into account. Firstly, ..., secondly, ...*
- *An evaluation of ... requires that we enquire into/examine/look at a number of/several factors, namely ...*
- *The author's evaluation of ... is quite different from my own. In my view, ...*
- *I share the author's evaluation of ... in so far as/to the extent that ..., but in my opinion he/she exaggerates/underestimates ...*

- *justify* **rechtfertigen;** ausreichende Gründe für Entscheidungen oder Schlussfolgerungen präsentieren
  - *You are the principal of a school. Justify your decision to ban smoking on the school premises.*

Nützliche Formulierungen und Redewendungen:

- *(to) give grounds/reasons for a course of action/a decision/a point of view*
- *(to) give a justification for ...*
- *(to) give/present an explanation of ...*
- *(to) demonstrate/show/prove that a course of action/decision/opinion/situation is justified/reasonable/sensible*
- *The author/writer justifies his/her opinion/position on the grounds that ...*
- *The government/... justifies its decision/policy on two/three/... grounds, namely ...*
- *I agree with the author's/writer's argument that ... is justified in so far as ...*
- *The justification for this policy/... is said to be ..., but this is clearly not the case. To begin with, it is undeniable that ...*
- *On the contrary, common sense/experience/natural justice suggests that ... is the case.*
- *The author's/writer's position is less a justification than an excuse (Ausrede).*
- *The fact (of the matter) is ...*

Trainingsaufgabe 1
Interpretation und Analyse – Sachtext und Cartoon

Aufgabentyp	Interpretation und Analyse
Material	Shashi Tharoor: "Hey, You! Turn Off That Phone!". In: *Newsweek,* 31. Mai 2003 Mick Stevens: Cartoon. In: *The New Yorker,* 9. September 2002
Thema	Science and technology
Niveau	Grundkurs, Bearbeitungszeit 260 Minuten
Bewertungseinheiten	Keine Angabe

Aufgabenstellung

1. Define the text type and identify the sort of text. Give evidence from the text to support your answer. (Analysis, AB II)
2. Analyze the writer's attitude towards cell phones. (Analysis, AB II)
3. Describe the process that finally led to the City Council's ban on cell phones. (Comprehension, AB I)
4. Explain the following passage in your own words: "The relentless pace of modern existence has taught us there is no escape from our responsibilities, no fleeing the 'real world'." (lines 34/35) (Analysis, AB II)
5. Choose one of the following topics.
   a) "... the city cannot legislate courtesy and common sense." (line 22) Argue. (Evaluation, AB III)
   b) "... the life we have all been sentenced to – a life of constantly being on call, at the ready, 24/7." (lines 32/33) State your opinion. (Evaluation, AB III)
   c) Do cell phones really connect people? Give your opinion. Refer to the cartoon. (Evaluation, AB III)

Material

Hey, You! Turn Off That Phone!
by Shashi Tharoor

Just before the curtain lifted on a Broadway show recently, a stage manager stepped forward to issue an admonition. "If any of you is carrying a cell phone," he announced dryly, "please turn it off now. Because if it rings during the performance, the actors will pause in midsentence and look directly at you until it stops."

Almost on cue, somebody's phone rang. The audience laughed, thinking it part of the joke. But the look on the stage manager's face suggested otherwise, as 100 theatergoers guiltily fumbled in handbags and coat pockets wondering if the offending instrument was theirs.

Such scenes may not be repeated too often on Broadway. In February the New York City Council decided to ban cellular telephones at public performances – plays, con-

Notizen

certs, movies, lectures. New York Mayor Michael Bloomberg, who owes much of his personal fortune to the wonders of telecommunications, vetoed the measure. But the City Council, undeterred, voted 38-5 to overrule him. Now you can't talk on a cell phone, dial one, listen quietly or accept a call, even if your phone's on vibrate mode. Any of these infractions is punishable by a $50 fine. Museums, libraries and even art galleries are covered.

"It's a real quality-of-life issue," says the law's principal sponsor, councilman Phil Reed. His outnumbered opponents were lobbied by the Cellular Telecommunications and Internet Association, an industry group whose president, Thomas Wheeler, pointed out that cell phones were no more a nuisance than people coughing or sneezing during a show, or for that matter unwrapping candy or cough drops. "No matter how laudable the goal," he added, "the city cannot legislate courtesy and common sense."

But it has, and I'm ambivalent about it. At the movies, I've often seen how a tender love scene can quickly be reduced to bathos by the insistent jangle of a cell phone. Nor have I forgotten being nearly trampled in my seat by a very large moviegoer whose cell phone issued him an urgent summons just as the plot was taking an alarming twist; his rush to the exit in the dark left me thinking more of my bruised toes than the heroine's safety. Those are the occasions that leave you wishing the cell phone hadn't been invented. On the other hand, I'll miss the reassurance of knowing I can enjoy a movie or play aware that I can always be reached in the event of a genuine personal or professional emergency.

Or will I? Maybe the City Council has unwittingly given New Yorkers a release from the life we have all been sentenced to - a life of constantly being on call, at the ready, 24/7[1]. The relentless pace of modern existence has taught us there is no escape from our responsibilities, no fleeing the "real world" even on vacation, as symbolized by those ads for a cell phone on the beach. Thanks to the New York City Council, we can now find freedom in at least one place - at a "public performance".

And yet, I can't help thinking of nice old Mildred in my building. For decades she and her husband, George, would attend classical-music concerts together. That ended last month, when George finally became too old and infirm to go. So Mildred went alone - with a cell phone, which she turned on and pointed toward the orchestra the entire evening. George lay in bed and listened. By law, he won't be able to do so again. But in fact, he probably will. Mildred says she's going to break the law if she has to, and it's highly unlikely anyone will actually stop her. Unless, of course, she's unlucky enough to find Mr. Reed occupying the adjoining seat. Let's hope there are no cops in the house.

From: *Newsweek*, May 31, 2003

1 24/7 24 hours a day, 7 days a week

"Would you mind talking to me for a while? I forgot my cell phone."

From: Mick Stevens, *The New Yorker*, September 9, 2002

Notizen

Lösungsvorschlag 1
So knacke ich die Aufgabe

Checkliste zur Selbsteinschätzung

Darüber sollten Sie Bescheid wissen:	Alles klar	Noch einmal nachlesen
I. Methodisches Wissen		
Herausarbeiten von zentralen Aussagen		
relevante Teile eines Textes mit eigenen Worten wiedergeben		
den Texttyp/die Textsorte eines Textes an ihren Merkmalen erkennen und beschreiben können		
Autorenhaltungen im Text erkennen und beschreiben können		
sicherer Umgang mit Analysetechniken		
korrektes Zitieren und Belegen		
Gliederung und Strukturierung der Argumentation des eigenen Textes		Stichworte für die Recherche: *introductions, paragraph writing, conclusions, connectors*
Argumentationstechniken, Meinungsäußerung		steigernde Argumentation, Pro-Kontra-Argumentation
II. Inhaltliches Wissen		
Textsorten und Texttypen – Merkmale		
Autorenhaltungen, Möglichkeiten der Leserlenkung		
Vorteile/Nachteile neuer Technologien		
ethische, moralische, höfliche Aspekte im Zusammenleben der Menschen		
Popularität von Technologien und deren Auswirkung auf das Zusammenleben der Menschen (demografische Kenntnisse)		Statistiken
III. Literaturwissenschaftliches Wissen		
Fachvokabular zur Textanalyse		

Notizen

Aufgabenstellung

1. **Define** the text type and identify the sort of text. Give evidence from the text to support your answer. (Analysis, AB II)

Tipp: Worauf kommt es an?

Diese Aufgabe ist dem Anforderungsbereich II (s. S. 16) zuzuordnen. Die Bearbeitung erfordert Kenntnisse in Bezug auf die Analyse von Texttypen und Textsorten und das damit verbundene Fachvokabular.

Erwartungshorizont

In dieser Aufgabe sollen der Texttyp *(narration, description, exposition, argumentation)* und die Textform des vorliegenden Textes anhand der entsprechenden Merkmale bestimmt und beschrieben werden. Unbedingt müssen Beispiele aus dem Text präsentiert werden, um die Richtigkeit der eigenen Gedankenführung zu belegen. Die korrekte Verwendung eines entsprechenden Fachvokabulars zur Textanalyse wird erwartet.

Arbeitsschritte

Was muss ich tun?	Alles klar
Aufgabenstellung verstehen; Operatoren prüfen	
Text erneut lesen und wichtige Textstellen hinsichtlich Texttyp und Textform markieren	
Zitate/Zeilenangaben zur späteren Beweisführung notieren	
Einleitungssatz formulieren	
Text schreiben; dabei satz- und textverbindende Mittel benutzen, Zitate einarbeiten	
abschließende Fehlerkorrektur	

Stichpunktlösung

- Text: Newsweek press article; non-fictional presentation/comment; current news; New York City Council's decision to ban cellular phones at public performances,
- informs reader about reasons for decision, what consequences lawbreakers face, when decision was made, by whom it was made and why (wh-questions, journalistic questions),
- hence text meets requirements of a press report,
- text also a comment, in that author
  - includes personal experience and value-judgements: sometimes wishes cell phone "hadn't been invented" (ll. 28 – 29),
  - gives arguments pro/con City Council decision,
- article consists of various text types,
  - opening scene in Broadway theatre described without direct comment, i.e. in objective, neutral way – descriptive passages,

Notizen

- text also contains objective analysis when quoting representatives of opposing groups (ll. 11 - 13, ll. 17 - 22) and mentioning steps leading to decision - expository passages,
- finally, text contains argumentative elements based on a subjective evaluation of problem - author directly and indirectly states his personal point of view,

- predominant text type argumentative - descriptive/expository elements play subordinate role designed to present and explain facts.

Erstellen Sie nun eine ausführliche Lösung (Stichpunktlösung zum Vergleich).

Aufgabenstellung

2. **Analyze** the writer's attitude towards cell phones. (Analysis, AB II)

Tipp: Worauf kommt es an?

Die Aufgabe ist auch dem Anforderungsbereich II (s. S. 16) zuzuordnen. Ihre Lösung erfordert eine Analyse der Autorenhaltung im Text und deren entsprechende Begründung mithilfe gezielter Textzitate.

Erwartungshorizont

Die Aufgabenstellung erfordert eine genaue Textanalyse hinsichtlich der Haltung des Autors zum Textgegenstand (in diesem Fall die Verwendung des Mobiltelefons). Auch wenn es nicht explizit in der Aufgabenstellung ausgedrückt ist, wird erwartet, dass Aussagen mit ausgewählten Textstellen belegt werden. Auch hier sind genaue Kenntnisse der Textanalyse und des entsprechenden Fachvokabulars nachzuweisen.

Stichpunktlösung

Writer's attitude explicitly stated:

- on the one hand: rejects cell phones/regards them as nuisance (ll. 23 - 29),
- on the other hand: in favour of them in case of emergency (ll. 29 - 31),
- regrets being available any time/dependence on phone; welcomes ban (ll. 36 - 37),
- aware ban affects those dependent on phone: old neighbours; ban means limitation of their quality of life/forces these people to break the law (ll. 42 - 45).

Writer's attitude implicitly stated:

- choice of words: negative connotations: "offending instrument"(l. 7); "... a love scene can quickly be reduced to bathos" (ll. 23 - 24); "insistent jangle" (l. 24); "a life we have all been sentenced to" (l. 33): expresses writer's dislike of cell phones; annoyance at impolite/unnecessary use,
- choice of words: positive connotations: "... reassurance of knowing ... I can always be reached in the event of ... emergency" (ll. 30 - 31): expresses benefit of cell phones; "... find freedom in at least one place" (l. 36 - 37): expresses benefit of banning cell phones.

Erstellen Sie nun eine ausführliche Lösung (Stichpunktlösung zum Vergleich).

Notizen

Notizen

Aufgabenstellung

3. **Describe** the process that finally led to the City Council's ban on cell phones. (Comprehension, AB I)

Tipp: Worauf kommt es an?

Die Aufgabe ist dem Anforderungsbereich I (s. S. 14) zuzuordnen. Die Bearbeitung erfordert die Formulierung zentraler Aussagen des Textes in Bezug auf das beschlossene Verbot von Mobiltelefonen an öffentlichen Plätzen in New York. Da sich die Aufgabenstellung nur auf einen Teilaspekt des Textes bezieht, sollte man sich mit ihr nicht zu lange aufhalten.

Erwartungshorizont

Hier soll der Prozess beschrieben werden, der zum Verbot der Benutzung von Mobiltelefonen an öffentlichen Plätzen durch den Stadtrat/die Stadtverwaltung führte. Es gilt, die Fakten mit eigenen Worten wiederzugeben und nicht den Text zu zitieren.

Stichpunktlösung

- People constantly available; disturbance/annoyance to others,
- discussion of ban of cellular phones at public performances,
- lobbying of Cellular Telecommunications and Internet Association against intended measure,
- February, 2003: New York City Council's decision to ban cell phones at public performances,
- NY Mayor Michael Bloomberg vetoed measure,
- NY City Council voted 38 – 5 to overrule Bloomberg,
- new law introduced: $50 fine for phone use at public performances.

Erstellen Sie nun eine ausführliche Lösung (Stichpunktlösung zum Vergleich).

Aufgabenstellung

4. **Explain** the following passage in your own words: "The relentless pace of modern existence has taught us there is no escape from our responsibilities, no fleeing the 'real world'." (lines 34/35) (Analysis, AB II)

Tipp: Worauf kommt es an?

Diese Aufgabe ist dem Anforderungsbereich II (s. S. 16) zuzuordnen. Auf der Grundlage der durch die Lösung der Aufgaben 1 bis 3 gewonnenen Erkenntnisse soll hier vertiefend ein Textzitat in Hinblick auf den Gesamttext erläutert werden.

Erwartungshorizont

Die Lösung dieser Aufgabe verlangt die Erläuterung des angegebenen Textabschnittes. Der Sinn dieser Aussage soll auf der Basis des Gesamttextes erklärt werden.

Stichpunktlösung

- Speed and complexity of political, economic and social development means no longer possible to escape from or postpone decision making,
- pressure continues even on holiday; keep up with events or be overrun by them (e. g. business decisions, contracts to be signed),
- necessary to be available at all times,
- text shows that even in public situations (theatre, cinema) there is no escape from reality; permanent ringing of phones makes this clear,
- even places meant to be an oasis in our fast developing society are invaded,
- old couple from text has taken over responsibility for each other - use their phones to stay in contact with world, to improve quality of life for partner who is forced to stay at home.

Erstellen Sie nun eine ausführliche Lösung (Stichpunktlösung zum Vergleich).

Aufgabenstellung

5. Choose one of the following topics.
   a) "... the city cannot legislate courtesy and common sense." (line 22) **Argue.** (Evaluation, AB III)
   b) "... the life we have all been sentenced to - a life of constantly being on call, at the ready, 24/7." (lines 32/33) **State your opinion.** (Evaluation, AB III)
   c) Do cell phones really connect people? **Give your opinion.** Refer to the cartoon. (Evaluation, AB III)

Tipp: Worauf kommt es an?

Diese Wahlaufgaben sind dem Anforderungsbereich III (s. S. 20) zuzuordnen und erfordern eine Einschätzung des Erarbeiteten sowie Argumentationsfähigkeiten, die den behandelten Text in einen größeren Sachzusammenhang einordnen. Des Weiteren sollen Sie in der Teilaufgabe c) einen Zusammenhang zu der abgedruckten Karikatur herstellen können. Erforderlich sind gründliche Überlegungen zum Inhalt und zur Struktur des zu verfassenden Textes. Deshalb sollte man hier genügend Zeit für die Bearbeitung einplanen.

Erwartungshorizont

Ausgehend von den Informationen des Textes, soll in diesen drei Wahlteilaufgaben der eigene Standpunkt zum entsprechenden Thema dargestellt werden. Dabei ist es notwendig, eine fundierte Sachkenntnis zu moralischen, ethischen und höflichen Aspekten des menschlichen Zusammenlebens in einer Gemeinschaft nachzuweisen bzw. aufzuzeigen, wie sich die immer schnellere Entwicklung von Technologien auf das Zusammenleben der Menschen auswirkt. Die Kenntnis und die Verwendung von Argumentationstechniken und -strukturen bzw. die Analyse einer Karikatur und deren Einbeziehung in die Meinungsäußerung (Teilaufgabe c) werden dabei erwartet.

Notizen

Stichpunktlösung

Aufgabenstellung 5a)

Introduction:

- dictionary definitions of courtesy, common sense,
- terms usually clear; need no explanation,
- discussion about mobile phones (New York City Council) shows need to raise awareness of politeness and impoliteness; explore possibility of legislating on courtesy and common sense.

Development I:

- in a sense, not possible to legislate on courtesy/common sense,
- people aware of how to behave at public performances because of social norms; good manners taught in family, school etc.,
- in practice, common sense no longer able to deal with speed/pressures of modern life,
- business controls everybody's life, need for instant decisions; cell phone technology means instant availability any place, any time; effective for doing things in parallel, e. g. watching film and making job/family decisions (time-saving),
- no longer clear border between work and leisure,
- result: courtesy in sense of mutual respect and consideration often lost,
- some kind of regulation needed.

Development II

- regulation could be provided by legislation,
- City Council made up of elected representatives; task to care for common well-being; must pass laws to enable individuals to live together in a community; New York community disturbed by uninhibited use of cell phones,
- City Council had to enforce courtesy/common sense, hence ban on cell phone use at public performances,
- some (particularly Americans) see this as loss of freedom; dichotomy: constant nuisance/violation of freedom; concept of freedom,
- decision: all must sacrifice some freedom to use cell phones so all can have newly gained freedom to enjoy unspoilt theatre/cinema.

Conclusion:

- some need phones in emergency (doctors, police etc.); others, e. g. the frail/elderly, also need access to phone; this must be catered for,
- best solution: return to obvious social norms and common sense so that legislation not required.

Aufgabenstellung 5b)

Thesis: It's necessary to live "a life of constantly being on call, at the ready, 24/7".

Arguments for:

- some people dependent on cell phone; emergency services (medical staff, police, firefighters etc.); emergencies don't have 9 to 5 jobs; constant availability must be guaranteed,
- these people have not been sentenced to this life of 24/7; nature of their job,
- old-aged people: way to keep in contact with world outside; example: old couple in text,

Notizen

- "interfamily contact": parents know where their children are,
- increased safety; growing crime rate.

Arguments against:

- disturbs people when phone used too frequently; high "nuisance value",
- destroys usual conversation; no face-to-face contact with partner; conversation reduced to voice alone,
- estrangement from relations/family; social contact permanently interrupted by phone,
- cell phone switched off: risk of losing touch with important issues; worrying human dependence on machines,
- adds unnecessary speed/stress to life; too many simultaneous activities; loss of freedom/joy/spontaneity.

Conclusion:

- care needed when using cell phone; risk of causing noise pollution.

Aufgabenstellung 5c)

Cartoon shows scene on train:

- many people using cell phones; one woman reading newspaper,
- man sitting next to her tries to start a conversation but only because he has no cell phone with him,
- people are isolated as they are talking to s.b. who is not present; ignore chance of real conversation with person seated next to them,
- phones separate/isolate people from real life,
- only people who are connected are those without cell phone; usual conversation in public places no longer available; everybody only concerned with himself/herself,
- phone as means of human alienation/dehumanisation,
- on the other hand people might stay connected with business, family etc. while travelling and use time to make decisions etc.; not disconnected from a given situation, only absent from it,
- phones have potential to connect people; in business/family contexts people can stay in touch and are not excluded,
- when used too often/unnecessarily phones become a nuisance and callers are isolated from their immediate surroundings,
- callers exclude themselves by preferring distance conversations to real ones,
- missed chance of really getting to know a person by talking and watching him/her.

Erstellen Sie nun eine ausführliche Lösung (Stichpunktlösung zum Vergleich).

Notizen

Trainingsaufgabe 2
Interpretation – Sachtext und Cartoon

Aufgabentyp	Interpretation
Material	Chris Daniels, Unmesh Kher, Chris Taylor: "More Power to You". In: *TIME,* 15. Dezember 2003. Cartoon aus: *International Herald Tribune,* 23. Oktober 1992
Thema	Environmental issues
Niveau	Grundkurs, Bearbeitungszeit 210 Minuten
Bewertungseinheiten	62 Punkte

Aufgabenstellung

A Working with the text

Your class intends to discuss alternative energy. You read the text "More Power to You".
Do the tasks, using your own words as far as appropriate.
List the reasons and aims that make people look for energy resources.
Describe the two alternative technologies and give examples of their use.
Explain the meaning of the headline. (31 P)

B Composition

Choose **one** of the following tasks.
Write at least 300 words.

1. *More and more people are escaping from the high-tech world and looking for alternative life-styles.*
   Comment on this attitude with reference to your own ideas on life.
2. Interpret this cartoon. (31 P)

Material

More Power to You

Robert K. Lifton is an unlikely front-runner in the tech races. [...] His New York City-based company, Medis Technologies, is one of several World Economic Forum Technology Pioneers developing new ways to deliver clean electricity to homes and cars, not to mention mobile phones and digital cameras. "The market is huge," says Lifton, and he's not exaggerating: he wants to power up the world's billions of portable gadgets.

Electricity, like clean water, is a resource that's often taken for granted. But last summer, consumers on two continents were given a painful reminder of just how fragile electricity supplies can be when blackouts struck Rome, Toronto and much of the northeast U.S. These massive disruptions stranded commuters, defrosted freezers, shut down businesses, and refocused attention on where most of the planet's power comes from: oil- and gas-fired generators and nuclear plants. These sources are not only plagued by creaky[1] infrastructures but pollute the environment, and most consumers feel they pose unacceptable health risks. Entrepreneurs like Lifton are trying to offer an alternative: clean energy from renewable resources that's plentiful – and portable.

[...]

Notizen

The search for alternative energy is nothing new, but the current crop[2] of innovators is focusing on the long-elusive goal of making clean and sustainable power a mainstream commodity[3]. The fuel cell, for example - which extracts electricity from the chemical reaction between oxygen and hydrogen - has been around for about 150 years, though its commercial deployment[4] only began in the 1960s and then only as part of NASA spacecraft. Today, this technology is coming down to earth in places like Tokyo, where the country's first hydrogen-fuel filling station opened in June; in nine European cities from Stockholm to Porto, each operating three hydrogen-fuel-cell buses; and in Iceland, which is trying to create the first fossil-fuel-free "hydrogen economy" by 2030.

When hydrogen and oxygen molecules combine, the reaction produces heat and water. Fuel cells harness this reaction to generate electricity, ideally producing water vapor as the only by-product. One of the attractions of fuel cells is their scalability: they can be big enough to run a factory or small enough to fit under the hood of a car. Medis' innovation is a type of microfuel cell, a power source that's small enough to slip into our pocket. The Medis Power Pack - a portable, wire-free mobile-phone recharger due in shops by the end of next year - will allow users to boot up[5] their handsets whenever and wherever the need arises.

Phone fading fast at the football match? Just plug it into your Power Pack. [...] Hydrogenics, based in Mississauga, Canada, is also working to bring the fuel cell to market, though its products are big enough to power a car - or a tank. Hydrogenics and General Motors [...] are developing a fuel cell/diesel hybrid for a new generation of 30,000 light tactical vehicles (LTVs) for the U.S. Army, [...]

The military likes fuel cells because they help free vehicles from dependence on vulnerable supply lines, can cut fuel consumption by 20%, and generate enough hydrogen to be self-sufficient in electrical power for up to five hours with the vehicles' engines off. Fuel cells are also quieter and cooler than traditional portable generators, and therefore harder for the enemy to detect. [...]

The devices can also provide soldiers with a much-needed resource, especially when stationed in desert conditions: water. The water vapor from the fuel cells can be recycled for human consumption.

And it's not only the military that's interested. General Motors vice-president of research and development Larry Burns says GM itself hopes to sell fuel-cell-powered cars by 2010; [...]

What about that other long-promised alternative energy source - solar power? Technology Pioneer Nanosys of Palo Alto, California, thinks solar's day in the sun has finally arrived. The firm is developing tiny photovoltaic cells that can be incorporated into the fabric of roofing materials to provide power to homes and other types of buildings. [...] One prefabricated Nanosys roof could generate enough electricity to run all the appliances in a typical home, including the washing machine, the toaster, the PC and the entertainment center. Electricity generated during the day can be stored in batteries for use at night. [...]

With persistence and that old variable, luck, firms like Medis, Hydrogenics and Nanosys could see a big payback for giving power to the people. [...]

By Chris Daniels/Toronto, Unmesh Kher/New York and Chris Taylor/San Francisco
From: TIME, December 15, 2003

Notizen

From: *International Herald Tribune,* Oct. 23, 1992

(31 P)

Annotations

1 ***creaky*** *old and not in good condition*
2 ***crop*** *here: group*
3 ***mainstream commodity*** *an ordinary product*
4 ***deployment (formal)*** *the use*
5 ***to boot up*** *to prepare sth. for use*

Hilfsmittel

Einsprachiges Wörterbuch

Notizen

Lösungsvorschlag 2
So knacke ich die Aufgabe

Checkliste zur Selbsteinschätzung

Darüber sollten Sie Bescheid wissen:	Alles klar	Noch einmal nachlesen
I. Methodisches Wissen		
an der Aufgabenstellung erkennen, wonach gefragt ist		
Kernaussagen der Bilder in eigenen Worten zusammenfassen		
unterschiedliche Elemente der Darstellung und ihre Wechselwirkung beschreiben		
Ideen zur Interpretation der Bildaussage sammeln und ordnen		
begründen, wie die Interpretation des Betrachters durch die Bildfolge gesteuert wird		
Ergebnisse der Analyse in einem geschlossenen Text zusammenfassen		
II. Inhaltliches Wissen		
inhaltliches Vokabular aus dem Bereich Umweltverschmutzung und Ausbeutung der Natur		Internetrecherche, z. B. bei: www.envirolink.org
III. Literaturwissenschaftliches Wissen		
Fachvokabular zur Beschreibung von Cartoons		
Fachvokabular zur Analyse von Cartoons		
Fachvokabular zur Argumentation		

Notizen

Aufgabenstellung

A *Your class intends to discuss alternative energy.*
You read the text "More Power to You".
Do the tasks, using your own words as far as appropriate.
List the reasons and aims that make people look for energy resources.
Describe the two alternative technologies and give examples of their use.
Explain the meaning of the headline.

Tipp: Worauf kommt es an?

Diese Aufgabe ist im Wesentlichen dem Anforderungsbereich I (s. S. 14) zuzuordnen mit leichten Anteilen in Anforderungsbereich II (s. S. 16). Sie erfordert eine knappe inhaltliche Auflistung der in der Frage genannten Details sowie eine Interpretation des Titels. Man sollte genügend Zeit auf die Sammlung der wichtigen Punkte und eine möglichst knappe Darstellung der erwarteten Inhalte verwenden.

Erwartungshorizont

Zunächst müssen die Gründe dafür, dass Wissenschaftler nach neuen Energiequellen suchen, und die Ziele, die sie dabei verfolgen, aus dem Text herausgesucht und in eigenen Worten knapp dargestellt werden. Außerdem sollen die beiden im Text besonders hervorgehobenen alternativen Energiequellen kurz in eigenen Worten und durch die im Text genannten Anwendungsbeispiele beschrieben werden. Schließlich soll erläutert werden, wie der Titel des Textes in diesem Zusammenhang zu verstehen ist.

Stichpunktlösung

- Three main problems: fossil fuels pollute environment, put health at risk, supply not always reliable – scientists looking for new, clean, renewable, dependable forms of energy,
- two alternatives – fuel cell and solar power,
- fuel cell – electricity generated when oxygen plus hydrogen react with each other,
- fuel cells can be used in vehicles, in wireless mobile charger units, and to supply whole factories with electricity,
- solar power – generated from photovoltaic cells – collect sunlight during day – energy can be stored for use at night,
- solar power is mainly used to provide power for homes and other buildings,
- "More Power to You" means that the text is about research into how to generate more energy to meet the individual's and society's growing demand, rather than research into new technologies/machines that are more energy efficient and hence help to save energy.

Erstellen Sie nun eine ausführliche Lösung (Stichpunktlösung zum Vergleich).

Notizen

Aufgabenstellung

B1 *More and more people are escaping from the high-tech world and looking for alternative life-styles.*
Comment on this attitude with reference to your own ideas on life.

Tipp: Worauf kommt es an?

Diese Aufgabe ist dem Anforderungsbereich III (s. S. 20) zuzuordnen. Sie erfordert einen persönlichen Kommentar zu der zitierten Aussage, welcher gut strukturiert und sinnvoll an Beispielen aus der persönlichen Erfahrung belegt ist.

Erwartungshorizont

Ein persönlicher Kommentar ist gewöhnlich in drei Teile gegliedert: Einleitung, Hauptteil, Schlussteil, wobei Einleitung und Schlussteil in der Regel jeweils einen Absatz umfassen, der Hauptteil dagegen häufig in mehrere Absätze gegliedert ist, abhängig von der Länge und Thematik des Kommentars.
Die Einleitung sollte das Thema in eigenen Worten aufgreifen und die Basis für die folgende Argumentation liefern. Der Hauptteil soll anhand von Beispielen aus der persönlichen Erfahrungswelt darstellen, was die Flucht aus der Hightech-Welt bedeuten und welche Konsequenzen sie haben kann. Dabei können positive und negative Aspekte zur Sprache kommen. Im Schlussteil sollte man auf der Grundlage des im Hauptteil Gesagten zu einer persönlichen Einschätzung gelangen und diese als Fazit formulieren.

Stichpunktlösung

- In view of fragile energy supplies and pollution due to fossil fuels, many people are opting to move away from our modern high-tech world, which requires enormous amounts of energy,
- over the last decade, new electrical machines/gadgets, e. g. ..., have made life easier/more enjoyable because ...,
- however our energy needs have increased greatly, as have our energy bills,
- while I personally feel it is not necessary to have (gadgets A, B, C) to lead a fulfilled life, I would not like to do without (gadgets D, E, F) because ...,
- on the other hand one has to see that the future of our society and our environment is dependent on saving energy and using clean energy sources,
- hence one could consider living without (selected gadgets A – Z) because they consume energy unnecessarily,
- but if sufficient energy can be generated by fuel cells and other clean energy sources for mass use, it might be possible to ...,
- considering all the aforesaid, I believe that ... and I will ... if ...

Erstellen Sie nun eine ausführliche Lösung (Stichpunktlösung zum Vergleich).

Notizen

Aufgabenstellung

B2 **Interpret** this cartoon.

Tipp: Worauf kommt es an?

Diese Aufgabe ist den Anforderungsbereichen II und III (s. S. 16 und 20) zuzuordnen. Sie erfordert eine sinnvoll strukturierte Analyse und eine begründete Stellungnahme zur Bedeutung des Cartoons.
Man sollte genügend Zeit für das sorgfältige Ordnen der eigenen Gedanken und das Erstellen eines gut strukturierten Textes einplanen.

Erwartungshorizont

Einerseits muss beschrieben werden, was genau die Bilder des Cartoons zeigen. Andererseits muss beschrieben werden, welche Reaktionen dadurch beim Betrachter hervorgerufen werden und durch welche Elemente des Cartoons diese erzeugt werden. Abschließend muss diese Untersuchung zu einer begründeten Beschreibung der Aussage führen, die durch den Cartoon erreicht werden soll.

Arbeitsschritte

Was muss ich tun?	Alles klar
Bilder einzeln ansehen und in Stichworten notieren, was zu sehen ist und welche Gedanken spontan dazu einfallen	
eigene Reaktion am Ende der Betrachtung kurz notieren	
zum Anfang des Cartoons zurückgehen und weitere Ideen zur Beschreibung der Einzelbilder notieren	
aufschreiben, welche typischen Elemente eines Cartoons verwendet werden	
überlegen, welche Funktionen diese Elemente erfüllen	
begründen, wie die Reaktion des Betrachters am Ende der Betrachtung durch die Bildabfolge beeinflusst wird	
die Bedeutung des Cartoons beschreiben	
entscheiden, welche Gedanken in Einleitung, Hauptteil und Schlussteil genannt werden sollen	
einen zusammenhängenden Text schreiben	

Notizen

Stichpunktlösung

Description of pictures

- Picture 1: person playing baseball, hitting ball hard ("wack"), looking pleased,
- picture 2: black smoke coming from factory chimneys, ball flying across factory, fast ("poooof!"), not stopped by pollution,
- picture 3: ball hitting car roofs, black exhaust fumes in the background, ball bouncing off cars ("bonk") and slowing down,
- picture 4: similar to picture 3, dustmen loading van with household rubbish, ball bouncing off dustbin and rubbish van ("bonk"), almost becoming rubbish itself,
- picture 5: ball bouncing off barrels with dangerous substances ("hazardous waste, danger"),
- picture 6: ball falling into an open manhole,
- picture 7: ball rolling out of a sewage pipe and falling into the water of a river or lake near a factory ("ker - plop"),
- picture 8: two fish looking at a ball that looks like the earth, fish look reproachfully at pollution of their water ("Foul!").

Typical cartoon elements

- Images,
- words to clarify meaning (e.g. "hazardous waste"),
- language representing sounds (e.g. "wack", "bonk", "plop"),
- surprise (e.g. revelation of what sort of ball was used in the last picture),
- irony (e.g. ball only just misses becoming rubbish itself by falling into the rubbish van),
- ambiguity (e.g. "foul" can mean violating rules in sports or polluting).

Message of cartoon

- Earth has to endure a lot of different forms of pollution,
- people do not take environmental care seriously, they play with their planet as if it was just a game,
- the way people treat the environment is seen as foul play from the point of view of the animals, who cannot do anything to prevent it or to protect themselves and their environment.

Erstellen Sie nun eine ausführliche Lösung (Stichpunktlösung zum Vergleich).

Notizen

Trainingsaufgabe 3
Interpretation und Analyse – Sachtext

Aufgabentyp	Interpretation und Analyse
Material	Simon Robinson: "Time to Play Fair". In: *TIME,* 27. Juni 2005
Thema	Africa between colonial past and globalisation
Niveau	Leistungskurs, Bearbeitungszeit 270 Minuten
Bewertungseinheiten	62 Punkte

Aufgabenstellung

A Working with the text

Your class is dealing with current affairs and how to overcome problems.
Do the following tasks, using your own words as far as appropriate.

Name the reasons why it is essential to help Africa. (Aufgabe 1)
Contrast internal African problems that hinder the fight against poverty and the efforts made by different African states to solve them. (Aufgabe 2)
Evaluate Africa's chance of ending poverty, include the author's conclusions for effective help. (Aufgabe 3)
Analyse the first two paragraphs with regard to content, language and function. (Aufgabe 4)
(31 P)

B Composition

Choose **one** of the following tasks. Write at least 400 words.

1. *"You just have to persevere and be brave."*
   Reflect on this statement.
2. *You are determined to spend a year in Africa to help people in need.*
   Write a letter to Leo in order to prepare your stay. (31 P)

Notizen

Material

Time to Play Fair
Write off debt, boost aid – and give Africa the chance to help itself

Leo is one of the most resolute women I've met. A veteran of one of Johannesburg's largest AIDS orphanages and trained in child care, she looks after my 18-month-old daughter while my wife and I are at work – and she can be just as firm with adults as she is soft with kids. Six years ago, when she discovered the house she and her two sons were renting was up for sale, she bid for it at auction and won. But when she went to see the loan officer at the local branch of one of South Africa's biggest banks, he didn't want to know her. She didn't have enough for a deposit, he said. She was a bad risk.

Leo took time off work and went to plead her case every day for three weeks. Finally, in a last-ditch attempt before her home was reauctioned, she visited the office of the bank's CEO[1], sat herself down in his reception area and waited. After about six hours, the puzzled CEO invited her into his office. He listened to her story, reviewed her file, sensed her resolve and agreed to loan her the cost of the house. "You just have to persevere and be brave," Leo, who is still paying off her mortgage, says today. "If people tell you that you can't see the boss, don't listen to them. You've got to be determined."

Getting ahead is no easy task in Africa. It takes a plan, purpose and sometimes a streak of stubbornness. Those qualities are all present in the campaign to help end poverty in Africa that you've heard so much about lately. When the leaders of the rich G-8 countries – essentially the world's bank managers – meet in Scotland next month, everyone, from a pair of crusading rock stars to a gaggle of African premiers and presidents, will be campaigning for a better deal for the world's poorest continent. British Prime Minister Tony Blair has already convinced his G-8 counterparts to forgive the debt of 18 of the world's poorest countries, a deal worth more than $40 billion. At the summit in Gleneagles he will try to win other concessions.

But why should the world help Africa at all? The simple answer, says Niall FitzGerald, chairman of British news agency Reuters and a passionate backer of a new deal for Africa, is morality. "The rich world has brought its gifts to Africa: first exploitation, and then indifference," he said at the World Economic Forum's Africa summit in Cape Town earlier this month. "There is across the world a new awareness of the moral reprehensibility of what we have allowed to happen in Africa." There is also self-interest. Tanzanian President Benjamin Mkapa points out that disease and despair will hurt the rich world by driving illegal immigration and the dissemination of killer germs if left unchecked. "You can't build a fire wall around Africa and expect its problems not to spread," Mkapa said at the meeting.

But the rich world has given Africa around $1 trillion over the past four decades and the continent is poorer than ever. And many of Africa's woes have been selfinflicted: corruption, wars, mismanagement. True and true. Over the past decade or so, however, there has been a new and serious attempt by many of Africa's leaders to start fixing some of those problems. Countries such as Ghana and Mozambique, once torn by civil war and coups, have enjoyed tiger-like economic growth thanks to better leadership and foreign investment. Nigeria, whose name has become synonymous with fraud and scam artists[2], has started tackling corruption. And former advocates of "African socialism" such as Tanzania have embraced the free market and begun to grow.

Notizen

On balance, say Africa's boosters[3], much of the continent would now benefit from a "big bang" injection of aid and better trade conditions. Africa is not going to change overnight and there is sure to be frustrating backsliding from some countries. Two weeks ago, for example, the government in Ethiopia, which has won praise for its reforms over the past few years, was behind a violent crackdown on opposition supporters. It does seem possible, though, that with the right combination of policies we will look back in 20 years' time and see 2005 as a turning point.

But it's going to take more than just debt forgiveness. A boost in aid will help. African leaders can also do more, including dropping their destructive and misguided loyalty to rogue[4] regimes like Zimbabwe's. Perhaps most crucially, though, Africa needs a chance to sell its grain and cotton and fruit and vegetables to the rest of the world. Unless Europe, the U.S. and Japan make a serious attempt to cut their distorting and self-indulgent agricultural subsidies at the World Trade Organization meeting in Hong Kong later this year, Africa will always struggle to break out of its poverty trap. Forgiving debt without opening up markets would be like sponsoring a sports team and then asking the players to take the field with their hands tied behind their backs. It's time to come up with the money Africa needs now. But to make sure Africa can pay its own way in the future, the rich world has to let the continent go to work as well.

By: Simon Robinson
From: *TIME*, June 27, 2005

Notizen

Annotations

1 ***CEO*** *abbr chief executive officer*
2 ***scam artist*** *infml dishonest businessperson*
3 ***booster*** *sb who supports sb or sth*
4 ***rogue*** *not following rules and causing troubles*

Hilfsmittel

Einsprachiges Wörterbuch

Lösungsvorschlag 3
So knacke ich die Aufgabe

Checkliste zur Selbsteinschätzung

Darüber sollten Sie Bescheid wissen:	Alles klar	Noch einmal nachlesen
I. Methodisches Wissen		
relevante Teile eines Textes in eigenen Worten wiedergeben		
Gliederung und Strukturierung der Argumentation des eigenen Textes		
Aufbau einer überzeugenden Stellungnahme		
Strukturanalyse eines Textes		
sicherer Umgang mit Analysetechniken		
Erkennen und Analysieren der Sprach- und Stilebene		
Erkennen von sprachlichen Mitteln und ihren Funktionen		
korrektes Belegen und Zitieren		
Aufbau eines überzeugenden, authentisch wirkenden Briefes		
II. Inhaltliches Wissen		
der Begriff Globalisierung		eigene Notizen, Internetrecherche
die Rolle der G7/G8 in der Weltwirtschaft		Internetrecherche zur G8: Information Center at www.g7.utoronto.ca
Entwicklungsländer und die Problematik der Verschuldung und des Schuldenerlasses		www.globalissues.org
wirtschaftliche und politische Probleme Afrikas		www.globalpolicy.org
Hilfsprojekte in Afrika oder für Afrika		www.oneworld.net
III. Literaturwissenschaftliches Wissen		
Interpretationswortschatz zur Textanalyse		
Fachvokabular: rhetorische Mittel, Sprach- und Stilebene		
thematischer Wortschatz: Globalisierung, Wirtschaftspolitik		Im Unterricht erarbeitete Wortfelder

Notizen

Aufgabenstellung

A1 **Name** the reasons why it is essential to help Africa.

Tipp: Worauf kommt es an?

Der erste Aufgabenteil ist dem Anforderungsbereich I (s. S. 14) zuzuordnen *(comprehension)*. Hier sollen Argumente aus dem Text genannt werden, warum dem Kontinent Afrika geholfen werden muss.

Erwartungshorizont

Es soll aus dem Text herausgearbeitet werden, warum Afrika geholfen werden muss. Wesentlich ist, die koloniale Vergangenheit und das Eigeninteresse der Industrieländer zu nennen. Die Aufgabe kann stichpunktartig gelöst werden. Eine Gliederungsüberschrift sollte nicht vergessen werden.

Stichpunktlösung

Reasons for helping Africa

- African countries are former colonies,
  - moral reason to help these countries,
  - compensation required for colonial exploitation and postcolonial indifference,
- self-interest of developed/industrial economies,
  - illegal immigration will cause economic/social problems and stimulate spread of fatal diseases to developed world.

Erstellen Sie nun eine ausführliche Lösung (Stichpunktlösung zum Vergleich).

Aufgabenstellung

A2 **Contrast** internal African problems that hinder the fight against poverty and the efforts made by different African states to solve them.

Tipp: Worauf kommt es an?

Der zweite Aufgabenteil ist ebenfalls dem Anforderungsbereich I (s. S. 14) zuzuordnen *(comprehension)*. Hier sollen Afrikas interne Probleme, die einen Kampf gegen die Armut verhindern, den Bemühungen einzelner afrikanischer Staaten gegenübergestellt werden, die gegen diese Probleme kämpfen.

Erwartungshorizont

Hier sollen die Probleme, die afrikanische Länder im Kampf gegen die Armut haben, den Bemühungen verschiedener afrikanischer Staaten gegenübergestellt werden. Die Bearbeitung kann sowohl stichpunktartig als auch in einem zusammenhängenden Text gelöst werden. Auch hier sollte es eine Gliederungsüberschrift geben.

Notizen

Stichpunktlösung

internal problems ⟷	counter measures
corruption, fraud, dishonest business people, wars, coups mismanagement	Nigeria: fight against corruption Ethiopia: political reform in recent past Ghana and Mozambique: economic growth due to better leadership and foreign investment
"African socialism"	Tanzania: introduction of free market leading to economic growth

Erstellen Sie nun eine ausführliche Lösung (Stichpunktlösung zum Vergleich).

Aufgabenstellung

A3 **Evaluate** Africa's chance of ending poverty, include the author's conclusions for effective help.

Tipp: Worauf kommt es an?

Der dritte Aufgabenteil ist dem Aufgabenbereich III (s. S. 20) zuzuordnen *(evaluation: comment)*. Es soll Stellung genommen werden zur Frage, ob Afrika eine Chance hat, die Armut zu beenden. Die Meinung des Autors soll mit einbezogen werden.

Erwartungshorizont

Es wird erwartet, dass die eigene Meinung zur Frage geäußert wird, ob Afrika eine Chance hat, die Armut in den Griff zu bekommen. Dabei soll auf die Schlussfolgerung des Autors eingegangen werden. Die Stellungnahme sollte ein zusammenhängender, überzeugend aufgebauter Text sein und kann sowohl positiv als auch negativ ausfallen. Erforderlich ist Hintergrundwissen zum Thema Globalisierung, G7/8 und Schuldenerlass für Entwicklungsländer.

Stichpunktlösung

You can emphasise the following points as you wish - your evaluation can be pessimistic or optimistic:

- Africa has a chance to overcome poverty,
- industrial nations aware of problems and need for help - also in own interests,
- some African states making efforts to solve problems of poverty - with success,
- this process will take more than 20 years,
- author's ideas about how to help Africa,
  - writing off debt is not enough,
  - industrial countries have to help by buying African products (grain, cotton, fruit),
  - world markets have to be opened up to African nations,
  - fair trade has to be guaranteed,
  - rich countries have to teach Africa how to become economically viable,
  - African leaders have to do even more to achieve rule of law, social equity and economic efficiency,
- Africa on right track to overcome poverty.

Erstellen Sie nun eine ausführliche Lösung (Stichpunktlösung zum Vergleich).

Notizen

Aufgabenstellung

A4 **Analyse** the first two paragraphs with regard to content, language and function.

Tipp: Worauf kommt es an?

Der letzte Aufgabenteil ist dem Anforderungsbereich II (s. S. 16) zuzuordnen *(analysis)*. Die ersten beiden Absätze sollen auf Inhalt, Sprache und Funktion hin untersucht werden.

Erwartungshorizont

Die ersten beiden Absätze sollen auf Inhalt, Sprache und Funktion untersucht werden. Nach einer Inhaltsangabe wird der Text besonders auf Sprache und Stil, den Gebrauch von Adjektiven und Wortfeldern untersucht. Anschließend soll die Funktion der ersten beiden Absätze für den Gesamttext analysiert werden.

Die Beherrschung von Fachwortschatz und einem sicheren Interpretationswortschatz ist Voraussetzung für eine überzeugende Analyse. Die Analyse sollte ein zusammenhängender Text sein.

Arbeitsschritte

Was muss ich tun?	Alles klar
Aufgabenstellung verstehen; Operatoren prüfen	
erneut lesen; Text hinsichtlich inhaltlicher Schlüsselwörter untersuchen und wichtige Textstellen markieren; Gliederungsüberschriften geben Leitfrage: ■ Worum geht es in den ersten beiden Absätzen?	
Text hinsichtlich der Sprache untersuchen und wichtige Textstellen markieren Leitfragen: ■ Um was für eine Sprachebene handelt es sich? ■ In welchem Stil schreibt der Autor? ■ Fällt die Benutzung bestimmter Wortarten besonders auf? ■ Bewegt sich der Autor in einem bestimmten Wortfeld? ■ Gibt es Besonderheiten im Satzbau? ■ Gibt es weitere Auffälligkeiten?	
Funktion der ersten beiden Abschnitte bestimmen Leitfragen: ■ Warum beginnt der Autor seinen Text auf diese Art und Weise? ■ Wen spricht der Autor an?	
Argumentationsstruktur für den zu schreibenden Text aufbauen Leitfragen: ■ Worum geht es in den ersten beiden Abschnitten? ■ Wie schreibt der Autor? ■ Warum schreibt der Autor inhaltlich und sprachlich auf diese Weise?	

Notizen

Was muss ich tun?	Alles klar
Text schreiben	
abschließende Fehlerkorrektur unter besonderer Berücksichtigung der typischen Fehler in alten Klausuren	

Stichpunktlösung

Content

- Presentation of Leo - young South African woman,
- nanny with author's family,
- bid at auction for the house she and her two sons live in and won,
- loan officers of bank refused to give her money (bad risk),
- due to brave and determined character she kept asking - perseverance finally rewarded.

Language

- Choice of words: short forms ("can't" (l. 15), "don't" (l. 15)) → colloquial style, authentic adjectives with a positive connotation for Leo: "resolute" (l. 1), "firm" (l. 3), "soft" (l. 4), "brave" (l. 14), "determined" (l. 15) indicate positive character,
- stylistic devices: "as firm with adults as she is soft with kids" (ll. 3/4): comparison in form of simile, emphasising Leo's positive character,
- register: author employs colloquial language although it is a text about business that makes use of some technical terms, e.g. "loan officer" (l. 6), "deposit" (l. 8), "auction" (l. 5), "mortgage" (l. 14), "CEO" (l. 11).

Result: text is plausible and easy to understand

- Tone: informative, authentic but at the same time emotional,
- sentence structure: clear, parallel (ll. 37 - 43): easy to understand.

Function

- Introduction: presentation of young South African woman struggling to survive stands for struggling African nations (Leo a role model for states fighting poverty),
- emotional, authentic style makes it plausible and engages interest and sympathy of reader,
- even more credible: the author knows Leo personally.

Result: reader is curious to know more and wants to go on reading.

Erstellen Sie nun eine ausführliche Lösung (Stichpunktlösung zum Vergleich).

Aufgabenstellung

B1 *"You just have to persevere and be brave."*
Reflect on this statement.

Tipp: Worauf kommt es an?

Diese Aufgabe ist dem Anforderungsbereich III (s. S. 20) zuzuordnen. Es soll ein *comment* geschrieben werden, der die Aussage reflektiert, dass man mit Durchhaltevermögen und Mut ans Ziel kommt.

Notizen

Erwartungshorizont

Bei dieser Aufgabe soll die Aussage diskutiert werden, dass man mit Durchhaltevermögen und Mut ans Ziel kommt. Das Zitat aus dem Text soll aufgenommen und kurz erläutert werden, dann sollen Argumente dafür oder dagegen genannt werden. Am Ende darf eine Schlussfolgerung nicht fehlen. Die Stellungnahme sollte überzeugend aufgebaut sein. Hierzu ist auch Hintergrundwissen erforderlich.

Stichpunktlösung

The arguments listed below constitute examples. Add further arguments and examples from the English course and/or from your own experience.

- Start with catchy introduction – life is not easy, especially in Africa,
- go on with brief explanation from text,
- Leo
  - was brave and did not give up,
  - reached her goal and got a loan,
  - fought for her dreams.
- Find further arguments to show that being brave and persevering enables you to achieve your aim.

First example

- Your school wanted new gym but nobody seemed to care,
- students invited politicians to talk about it and informed the press,
- you kept talking and writing to politicians for more than a year,
- finally politicians promised your school a new gym.

Second example

- Your sports team is good but not the best,
- qualified for tournament but everybody thought you would lose,
- team very motivated,
- fought for every point,
- won every match.

Third example

- You were not good at school in grade 7,
- everybody told you to go to lower school,
- you worked hard for the next years,
- now you are doing final exams,
- plan to study civil engineering,
- to be more convincing find some arguments against the theory, e. g.

First argument

- Leo only successful because CEO finally wanted to talk to her and did not send her away.

Second argument

- You lost a match although you fought very hard to win,
- other team was just a bit luckier.

Third argument

- You worked very hard for a test,
- you did not pass it in the end.

Notizen

Conclusion could look like this:
- All in all/To summarise ... statement "You just have to persevere and be brave" is mainly right,
- you can achieve a lot if sufficiently determined/motivated,
- however, unfortunately no guarantee of success.
- Don't forget to connect arguments with phrases typical of comment!

Erstellen Sie nun eine ausführliche Lösung (Stichpunktlösung zum Vergleich).

Aufgabenstellung

B2 *You are determined to spend a year in Africa to help people in need.*
Write a letter to Leo in order to prepare your stay.

Tipp: Worauf kommt es an?

Diese Aufgabe ist ebenfalls dem Anforderungsbereich III (s. S. 20) zuzuordnen. Es soll ein Brief an Leo geschrieben werden. Der Verfasser des Briefes will sich so auf einen Afrikaaufenthalt vorbereiten, bei dem Menschen in Not geholfen werden soll.
Die gewählte Aufgabe aus dem Teil B macht die Hälfte der gesamten inhaltlichen Leistung aus. Vor dem Schreiben sollte der Text detailliert entworfen und strukturiert werden, was bei der Zeitplanung bedacht werden muss. Der Text sollte mindestens 400 Wörter umfassen.

Erwartungshorizont

Bei der zweiten Aufgabe wird ein authentisch wirkender Brief erwartet, in dem der Verfasser an Leo schreibt, um über einen geplanten Afrikaaufenthalt zu berichten, bei dem der Verfasser Menschen in Not helfen will. Im Brief soll der Plan erläutert und z. B. um Unterstützung gebeten werden. Der Text muss die äußeren Kriterien eines Briefes erfüllen und sollte überzeugend sein. Hintergrundwissen ist erforderlich.

Stichpunktlösung

Suggested content of letter
- You plan to go to Africa to help people help themselves,
- you have heard of an organisation or programme, e. g.
  - providing teachers for local schools,
  - developing hospitals,
  - supporting orphanages,
  - teaching people how to prevent AIDS, how to manage their money, how to cultivate fields more productively.
- Reasons why you want to help
  - You talked about Africa and its problems at school,
  - you know someone who did/is doing such work,
  - you want to help directly where the problem is etc.
- Ask Leo for advice because
  - you know her and ask if you could stay at the orphanage for a few days to find out what life is like there,
  - you read about her and thought about writing before your stay,

Notizen

  - you are going to work in Leo's orphanage.
- Ask some questions about your job/her job/life in Africa/her opinion of your planned visit

Formal aspects of letter
- Start with *Dear Leo* (no comma, but begin first line with capital letter),
- your address (top right),
- date (directly below your address),
- end letter with typical phrase, e. g.: *I look forward to hearing from you,*
- close with *Yours or Yours sincerely/Sincerely yours* and your name.

Erstellen Sie nun eine ausführliche Lösung (Stichpunktlösung zum Vergleich).

Notizen

Trainingsaufgabe 4
Interpretation und Analyse – Sachtext

Notizen

Aufgabentyp	Interpretation und Analyse
Material	"New technology too advanced for own good". In: *Daily Collegian,* University of Massachusetts internet student newspaper, 18. Oktober 2004
Thema	Science and technology: Models of the Future
Niveau	Grundkurs, Bearbeitungszeit 210 Minuten
Bewertungseinheiten	100 Punkte

Aufgabenstellung

1. Summarize the text. (30 P)
2. Illustrate the problems and implications of the VeriChip by referring to your reading (and viewing) experience concerning models of the future. (35 P)
3. "Do you want a convicted child molester working with your children? If we tagged felons, say starting out with sex offenders, we could make it much more difficult for them [...]" (comment by "Steven" in a chat on the VeriChip on October 24, 2002). Discuss. Take into account the public controversy on the widespread registration of genetic fingerprints. (35 P)

Material

An editorial from the Massachusetts internet student newspaper *Daily Collegian.* Unsigned editorials represent the majority opinion of the *Daily Collegian* Editorial Board.

New technology too advanced for own good, October 18, 2004

The Food and Drug Administration recently approved Applied Digital Solutions, a technology company based in Florida, to market microchips intended for implantation under the skin in humans to allow easier access for a person's medical records. This concept has been met with much hesitation, especially when seen from the point of view that Orwell had brought up with his novel 1984 which depicted Big Brother watching over everyone at all times. This technology, however, can be most helpful in saving a person's life when it comes to paramedics and EMTs making split-second decisions. With all the potential and theoretical good it could bring to the world of emergency medicine, the scary proceedings that could result from this kind of technology are far too dangerous for society to explore.
Going by the theory that Applied Digital has, the benefits in emergency medicine that this product has to offer are too great to ignore. According to the New York Times, the chip would be implanted under the skin of a person's arm or hand via syringe and would not contain any detailed medical records, but rather, a number which would be linked to a medical directory. The medical records, which would contain information about the patient concerning their blood type, drug histories, and major surgeries/diseases the patient has had or currently has, would be updated quite frequently and very easily. The device used by emergency medical personnel to read the exclusive

16-digit number on each chip would be a hand[-]held radio scanner.

This technology could be very useful when used with the intention that it was approved for. If a person passes out while jogging one day, EMTs and paramedics would still be able to find out the person's drug allergies, past medical history, and current medications even with the patient unconscious. Thus, all the appropriate medical treatments could be administered without worrying about the patient having an allergic reaction to a drug and, even possibly, determining what caused the patient to pass out based on their past medical history (ex: if the patient is hypoglycemic and their glucose level dropped too low which accounted for them going unconscious). The VeriChip, as the implanted microchip is commonly called, could greatly decrease the amount of malpractice encountered in the field. However, with all the good and promise the VeriChip holds for emergency medicine, the thought and future prospects of where the implanted chip will lead society in years to come is too frightening when it comes to maintaining people's privacies. One major concern brought up by the prospect of the VeriChip is that this technology is currently being used as a security feature. Rafael Macedo de la Concha, the attorney general of Mexico, has received, in addition to many of his subordinates, an implanted chip controlling security access to a secure room containing highly-confidential documents vital in Mexico's battle with the drug cartels. If this technology continues to expand with its methods of use, we will soon be checking out library books by scanning our wrists instead of our library cards.

While the intentions are certainly noble with regards to the emergency medical profession, the logistics of the VeriChip are taking us into worlds that have only been seen in novels such as 1984 and Aldous Huxley's Brave New World and in movies such as Gattica [sic!] and Minority Report. The fear of the chip being implanted in people is centered on the idea of authorities using it to keep track of its citizens. And while this may not necessarily be the case yet, the foot is in the door and this scenario is inevitable if this technology is further developed and made readily available through implantations in humans.

http://www.infowars.com/print/science/newtech.htm

Hilfsmittel

An der Schule eingeführtes einsprachiges Wörterbuch

Notizen

Lösungsvorschlag 4
So knacke ich die Aufgabe

Checkliste zur Selbsteinschätzung

Darüber sollten Sie Bescheid wissen:	Alles klar	Noch einmal nachlesen
I. Methodisches Wissen		
Herausarbeiten von zentralen Aussagen		
relevante Teile eines Textes in eigenen Worten wiedergeben. Anfertigen einer formal korrekten *summary*		
den Kontext eines Textes bestimmen und beschreiben		
Gliederung und Strukturierung der Argumentation des eigenen Textes		
korrektes Belegen und Zitieren		
II. Inhaltliches Wissen		
moderne wissenschaftliche und technische Entwicklungen		Internetrecherche: en.wikipedia.org; www.about.com; people.howstuffworks.com
Chancen, Grenzen und Gefahren der neuen Technologien		
Utopien und Dystopien		www.school-scout.de
III. Literaturwissenschaftliches Wissen		
Merkmale von Zeitungstexten, insbesondere die Anwendung und Behandlung von „journalistischen Fragen“ (Was?, Wo?, Wer?, Wie?)		eigene Notizen
Strategien zur Leserlenkung		
Fachvokabular zur Textanalyse, insbesondere die Anwendung von *hyperbole, rhetorical questions* und *enumeration*		

Notizen

Aufgabenstellung

1. **Summarize** the text.

Tipp: Worauf kommt es an?

Die Aufgabe ist den Anforderungsbereichen I und II (s. S. 14 und 16) zuzuordnen. Die Bearbeitung erfordert das Schreiben einer Zusammenfassung des Textes. Dabei sind die zentralen inhaltlichen Elemente des Textes zu erfassen und in gekürzter Form sowie angemessen strukturiert wiederzugeben. Die Aufgabe macht 30 % des Gesamtergebnisses der Prüfung aus.

Erwartungshorizont

Es gilt, die zentralen inhaltlichen Elemente des Textes zu erfassen und strukturiert wiederzugeben. Erwartet wird dabei sowohl die korrekte Abbildung der Textstruktur (1. Beschreibung und 2. Problematisierung) als auch das Erfüllen der formalen Anforderungen einer *summary*.

Stichpunktlösung

- Author of the editorial "New technology too advanced for own good" is concerned with the rapid advance of technology in the field of digital technology/data storage,
- example in the text is the so-called VeriChip,
- chip can be implanted under a patient's skin and is readable using a scanner, contains a 16-digit number providing a link to a database which holds information about a patient's medical data (blood type, drug history, past operations),
- information like this can ensure proper treatment of a patient in case of accident,
- text also highlights the problematical aspects of such a technological development, as VeriChip technology is not restricted to medical issues,
- author asks if this technology – once established in specific fields such as medical treatment and security – might be expanded to other fields,
- implants containing personal data and the corresponding technology to read this information can swiftly lead to a threat to personal privacy,
- examples given in the text refer to fictional texts, in particular to the films *Minority Report* and *Gattica* [sic!] as well as Orwell's seminal dystopian novel *1984*.

Erstellen Sie nun eine ausführliche Lösung (Stichpunktlösung zum Vergleich).

Aufgabenstellung

2. **Illustrate** the problems and implications of the VeriChip by referring to your reading (and viewing) experience concerning models of the future.

Tipp: Worauf kommt es an?

Die Aufgabe ist den Anforderungsbereichen I und II (s. S. 14 und 16) zuzuordnen. Es gilt, eine Reihe von Problemen und Implikationen darzustellen, die mit der VeriChip-Technologie verknüpft sind. Die Ausführungen müssen mit Beispielen illustriert und belegt werden. Diese Aufgabenstellung macht 35 % des Gesamtergebnisses der Prüfung aus.

Notizen

Erwartungshorizont

Diese Aufgabenstellung erfordert die Einordnung des Textes in einen übergeordneten Kontext. Dabei soll eine Reihe von möglichen Problemen der neuen Technologien beschrieben und durch Beispiele illustriert werden. Diese Beispiele sollen sowohl aus aktuellen gesellschaftlichen Diskussionen als auch aus fiktionalen Texten entnommen sein.

Stichpunktlösung

The following general implications and problems could be discussed in the analysis.
Individual freedom

- Widespread use of VeriChip technology implies that people have to give up specific civil rights, e. g. the right to withhold personal data from authorities,
- VeriChip technology enables authorities to access virtually any kind of personal data without a person's consent if it is stored on an implant,
- the consequence could be widespread data mining. Data can be gathered, compared and processed, which could lead to possible abuse and manipulation.

Examples from fictional texts

- Fictional and non-fictional texts that can be discussed in this context should be adequately referred to,
- in the film *Gattaca,* for example, personal information determines the future life of each citizen. In this example the most private information - DNA - can be read out and is used for both security and social planning,
- a critical view of the process of technological perfection is portrayed in Aldous Huxley's novel *Brave New World;* family, cultural diversity, art, literature, science, religion and philosophy have been abolished for the sake of technological perfection.

Wider reaching implications regarding law enforcement

- "3-strikes legislation" in the U. S.: This procedure (which enables authorities to sentence convicts ever more severely after three successive felonies) has been criticised, as there were cases in which a convict was sent to jail for 25 years after stealing chocolate chip cookies. He had previously committed armed burglary and assault, which together would not have earned such a sentence. VeriChip technology could enable such a process to be accomplished even more swiftly, thus complicating the already controversial debate about this kind of legislation.

Erstellen Sie nun eine ausführliche Lösung (Stichpunktlösung zum Vergleich).

Notizen

Aufgabenstellung

3. "Do you want a convicted child molester working with your children? If we tagged felons, say starting out with sex offenders, we could make it much more difficult for them [...]" (comment by "Steven" in a chat on the VeriChip on October 2[illegible], 2002). **Discuss.** Take into account the public controversy on the widespread registration of genetic fingerprints.

Tipp: Worauf kommt es an?

Die Aufgabe ist den Anforderungsbereichen II und III (s. S.16 und 20) zuzuordnen. Hier gilt es, eine Abwägung zwischen Pro und Kontra in Form eines persönlichen Kommentars zu schreiben. Die eigene Meinung soll dabei argumentativ schlüssig und durch Beispiele illustriert sein. Diese Aufgabe macht 35 % der gesamten Prüfung aus.

Erwartungshorizont

Das Zitat soll argumentativ untersucht werden, indem die im Zitat implizit enthaltenen Problembereiche angesprochen und dargelegt werden. Es gilt, eine Abwägung zwischen Pro und Kontra bzw. die Bestimmung der eigenen Position zwischen diesen Eckpunkten darzulegen. Der Bezug zu einer zentralen gesellschaftlichen Debatte *(genetic fingerprint)* soll hergestellt und diskutiert werden.

Arbeitsschritte

Was muss ich tun?	Alles klar
Aufgabenstellung verstehen; Operatoren prüfen	
die im Zitat dargelegte Meinungsäußerung verstehen	
das Zitat kritisch betrachten, die enthaltenen Problembereiche stichwortartig zusammenstellen, evtl. eine Pro-und-Kontra-Liste mit Kommentarspalte erstellen Leitfragen dazu: ■ Welche Möglichkeiten/Entwicklungen können als positiv beschrieben werden? ■ Was sind damit verknüpfte negative Konsequenzen? ■ Wie können positive bzw. negative Konsequenzen an bekannten Beispielen (fiktionale Texte, aktuelle Diskussionen über *genetic fingerprinting*) illustriert werden? ■ Welche eigene, persönliche Einschätzung bzw. Position soll der zu schreibende Text darlegen?	
Text strukturieren	
Text schreiben	
abschließende Fehlerkorrektur	

Notizen

Stichpunktlösung

- This statement calls for a practical application of the VeriChip technology in regard to crime prevention. Ex-convicts could be tagged with a chip in order to avoid future offences. While this could be a means of preventing future crimes, such as sexual abuse, the call for tagging former convicts appears rather problematic.
- If a concept like the one suggested by "Steven" is developed and implemented, a public "marking" of former offenders could render the concept of rehabilitation useless. Once a person has a criminal record, he will be singled out and isolated from the mainstream of society for the rest of his life.
- Other problems are mainly of a more legal nature. If VeriChip technology is used to collect and process data, for example for the documentation of criminal records, the possibility of abuse becomes a major problem. This has also been mentioned by critics with regard to genetic fingerprinting (i.e. of a person's DNA make-up). Data that can be collected and stored digitally is prone to abuse by a third party, and is thus a danger to privacy. Besides, at least in Germany, DNA is considered to be personal data and it is a basic constitutional right of every citizen that his personal data is kept private.
- The example of "tagging known felons" shows that VeriChip technology is a double-edged sword. On the one hand there are practical applications, as described in the text, which are undoubtedly welcome as technological advances. On the other hand, however, there is the imminent danger of an invasion of privacy with, hypothetically, fatal consequences.
- There are a number of dystopic texts that outline the possible consequences of a complete invasion of privacy. George Orwell's *1984* might be the most famous fictional example and describes life within a state that has done away with the concept of privacy completely. Margaret Atwood's *The Handmaid's Tale* deals with a similar theme. Regarding the VeriChip example, the film *Gattaca* might be an even better example, as it deals with the possible consequences of a state that determines its citizens on the basis of their genetic predisposition. Here, the genetic disposition of citizens determines their entire life.

Erstellen Sie nun eine ausführliche Lösung (Stichpunktlösung zum Vergleich).

Notizen

Trainingsaufgabe 5
Interpretation und Analyse – Sachtext

Aufgabentyp	Interpretation und Analyse
Material	Alan Larson: "Making Globalization Work For Workers". In: *Economic Perspectives,* Februar 2000
Thema	Globalisation
Niveau	Grundkurs
Bewertungseinheiten	Keine Angabe

Aufgabenstellung

1. Describe Alan Larson's view of globalization. (Comprehension; AB I)

2. Which obstacles to freer trade does Larson mention? (Comprehension; AB I)

3. What rhetorical devices does Larson use to make his speech more effective? (Analysis; AB II)

4. You have a choice here. Choose one of the following tasks:

4.1 Comment on the problem of protection "from competition from developing countries". (ll. 42 – 43). (Evaluation: comment; AB III)

4.2 Write a letter to the editor of the journal *Economic Perspectives,* in which you discuss the problem of globalization by referring to the situation of the developed and the developing countries. (Evaluation: recreation of text; AB III)

Material

Making Globalization Work For Workers

By Alan Larson, Under Secretary of State for Economic, Business, and Agricultural Affairs

The global trading system can and should work for developed and developing countries alike, Alan Larson, under secretary of state, says in an article adapted from a January 5 speech to the Rotary Club of Washington.

Plenty of obstacles to freer trade remain to be worked out, including differences over environmental and labor rights issues as well as plain protectionism, he says. Still, because both sides want an open, fair trading system – one that lets "globalization work for workers"– they have no choice but to eliminate those obstacles, he says.

It is in America's interest, I am convinced, that the global economy should expand through increased trade and a broader and freer flow of capital. At the same time, to be durable, the global economy must be built on a solid ethical and political foundation. The global economy must be supported by a global sense of community and animated by an appreciation of the common humanity that people throughout the world share. It also must be reinforced by a set of institutions and rules that help ensure that all people, within this country and across countries, can find within the global economy opportunities to expand our freedom and to realize the full potential God has given us. And when I speak of freedom, I have in mind the Four Freedoms that former U.S. President Franklin Roosevelt stressed – freedom of expression, freedom of worship, freedom from fear, and freedom from want. We face tough challenges as we attempt to

Notizen

pursue these objectives at the beginning of a new millennium because the freedoms that enable people to achieve their potential are spread rather unevenly around the world.

NEW PERMUTATIONS ON AN OLD ADAGE

Many of us have found wisdom in the old adage, "Give a man a fish and he is fed for a day. Teach him to fish and he is fed for a lifetime." Today the adage needs to be updated in several ways.
First, it is not just being politically correct to suggest that the adage should talk about both men and women. In fact, one of the most important lessons of development economics is the importance of ensuring that women as well as men enjoy full economic opportunities.
More profoundly, to move beyond a subsistence lifestyle, men and women in developing countries need to be able to sell their products in the global economy and to buy other products that help them achieve the quality of life they value. Here's where the issues start getting complicated.
First, there is the simple question of protectionism. What if I am a fisherman in a developed country and fear that my wages will fall or I will lose my job if I face competition from a fisherwoman from a developing country? Because of her poverty, she may be willing to work longer hours or for lower wages. Is that unfair? Most of us would say that we should not refuse to buy the woman's fish simply because she is poorer and will work for less.
The example is not a trivial one, however. At the recent trade negotiations in Seattle, some countries refused to support a tariff reduction proposal called Accelerated Tariff Liberalization, in part because they wished to protect their fishermen from competition from developing countries. (...)

Fundstelle des Textes: Alan Larson, Making Globalization Work For Workers.
In: Economic Perspectives, Vol. 5, No 1, February 2000, p. 13

Hilfsmittel

Je nach den unterrichtlichen Voraussetzungen ein einsprachiges Wörterbuch bzw. ein ein- und zweisprachiges Wörterbuch

Notizen

Lösungsvorschlag 5
So knacke ich die Aufgabe

Checkliste zur Selbsteinschätzung

Darüber sollten Sie Bescheid wissen:	Alles klar	Noch einmal nachlesen
I. Methodisches Wissen		
Herausarbeiten von zentralen Aussagen		eigene Notizen aus dem Unterricht; Klausurvor-/-nachbereitung
relevante Teile eines Textes in eigenen Worten wiedergeben		
den Kontext eines Textes bestimmen und beschreiben		
Gliederung und Strukturierung der Argumentation des eigenen Textes		
sicherer Umgang mit Analysetechniken		
korrektes Belegen und Zitieren		
Aufbau einer überzeugenden Stellungnahme bzw. eines Leserbriefes		
II. Inhaltliches Wissen		
Begriff der Globalisierung		Stichwort für Recherche: *globalisation – threat or opportunity*, z. B. www.imf.org
ökonomische Zusammenhänge in der Arbeitswelt und Weltwirtschaft		en.wikipedia.org; www.about.com
Problematik des Wettbewerbs zwischen Industrienationen und Entwicklungsländern		
die Rolle der USA in der Weltwirtschaft, die Rolle der G7/G8, Protektionismus		G8 Information Center auf www.g7.utoronto.ca; en.wikipedia.org
Fachvokabular zum Thema Globalisierung		im Unterricht erarbeitete Wortfelder
III. Literaturwissenschaftliches Wissen		
Möglichkeiten der Rezeptions- bzw. Leserlenkung		
Fachvokabular zur Textanalyse		

Notizen

Aufgabenstellung

1. **Describe** Alan Larson's view of globalization. (Comprehension; AB I)

Tipp: Worauf kommt es an?

Die Aufgaben 1 und 2 sind dem Anforderungsbereich I (s. S. 14) zuzuordnen. Die Bearbeitung erfordert die Zusammenfassung der Sichtweise des Autors (Aufgabe 1) und die Wiedergabe von Informationen zur Problematik der Globalisierung (Aufgabe 2). Die Bearbeitung dieser Aufgaben ist Grundlage für die Bearbeitung der weiteren Aufgaben, sollte jedoch kurz gehalten werden. Die beiden Aufgaben machen jeweils ungefähr $\frac{1}{8}$ der inhaltlichen Leistung aus.

Erwartungshorizont

Die Ansicht Larsons soll hinsichtlich des Themas Globalisierung zusammengefasst werden. Wesentliche Aspekte sind, dass sowohl Entwicklungsländer als auch Industrienationen ein Interesse an der Globalisierung haben. Des Weiteren soll erörtert werden, dass Globalisierung eine ethische und politische Basis haben sollte. Außerdem sind für den Autor die *Four Freedoms* Roosevelts von großer Bedeutung.

Stichpunktlösung

- Economic globalisation benefits developing and industrialised countries,
- global trade requires ethical/political base focusing on human rights and guaranteed by international institutions and universally valid regulations,
- Larson: Franklin Roosevelt's "Four Freedoms" (freedom of opinion, religion; freedom from fear, want) very relevant.

Erstellen Sie nun eine ausführliche Lösung (Stichpunktlösung zum Vergleich).

Aufgabenstellung

2. Which obstacles to freer trade does Larson mention? (Comprehension; AB I)

Tipp: Worauf kommt es an?

Die Aufgaben 1 und 2 sind dem Anforderungsbereich I (s. S. 14) zuzuordnen. Die Bearbeitung erfordert die Zusammenfassung der Sichtweise des Autors (Aufgabe 1) und die Wiedergabe von Informationen zur Problematik der Globalisierung (Aufgabe 2). Die Bearbeitung dieser Aufgaben ist Grundlage für die Bearbeitung der weiteren Aufgaben, sollte jedoch kurz gehalten werden. Die beiden Aufgaben machen jeweils ungefähr $\frac{1}{8}$ der inhaltlichen Leistung aus.

Erwartungshorizont

Hier sollten Informationen aus dem Text bezüglich der Problematik der Globalisierung wiedergegeben werden. Laut Larson sind die *Four Freedoms* nicht in allen Ländern gegeben, wodurch nicht alle Länder dieselben Möglichkeiten haben. Wesentliche Aspekte sind die verschiedenen Lebens- und Arbeitssituationen, in denen sich Menschen in Entwicklungsländern und Industrienationen befinden.

Notizen

Stichpunktlösung

- Larson: Four Freedoms not universally applied – developing countries lack capabilities of industrialised ones,
- poverty means people willing to work longer hours for less money in developing countries. Hence products cheaper than those of industrialised world,
- workers in industrialised economies afraid of earning less/losing job. Hence politicians reject reduction in agreed wage levels,
- protectionism must be abolished so global economy can be set free.

Erstellen Sie nun eine ausführliche Lösung (Stichpunktlösung zum Vergleich).

Aufgabenstellung

3. What rhetorical devices does Larson use to make his speech more effective? (Analysis; AB II)

Tipp: Worauf kommt es an?

Diese Aufgabe ist dem Anforderungsbereich II (s. S. 16) zuzuordnen. Die in der ersten und zweiten Aufgabe geleistete inhaltliche Arbeit soll hier mithilfe textanalytischer Methoden vertieft werden.

Diese Aufgabe ist die am höchsten bewertete Teilaufgabe der Klausur. Für die Bearbeitung sollte die meiste Zeit eingeplant werden.

Erwartungshorizont

Es wird erwartet, dass rhetorische Mittel im Hinblick auf ihre intensivierende Wirkung analysiert werden. Die Erkenntnis, dass die USA an einer freien Marktwirtschaft unter Beteiligung von Entwicklungsländern und Industrienationen interessiert sind, ist Grundlage für die Analyse. Um zu überzeugen, gilt es, die von Larson benutzten rhetorischen Mittel herauszuarbeiten und zu analysieren. Insbesondere sind Wiederholungen, die Verwendung von Personalpronomen und rhetorischen Fragen zu nennen. Die Beherrschung von Fachwortschatz und einem sicheren Interpretationswortschatz ist Voraussetzung für eine überzeugende Analyse.

Arbeitsschritte

Was muss ich tun?	Alles klar
Aufgabenstellung verstehen; Operatoren prüfen	
erneut lesen; Text hinsichtlich rhetorischer Mittel untersuchen und wichtige Textstellen markieren Leitfrage: ■ Wie versucht Larson, seine Zuhörer für sich zu gewinnen?	
eine Struktur für den zu schreibenden Text aufbauen Leitfragen: ■ Welchen Standpunkt vertritt Larson und wie vermittelt er diesen?	

Notizen

- Wie versucht Larson, seine Zuhörer zu überzeugen?
- Gibt es Auffälligkeiten in der Rede Larsons?

Text schreiben

abschließende Fehlerkorrektur

Stichpunktlösung

- Larson seeks to convince American audience:
  - emphasises role of USA and its interests in globalisation - with participation of industrialised and developing countries,
  - uses expressions such as "in America's interest" (l. 8), "I am convinced" (l. 8),
  - uses term "global economy" in positive sense - points to ethical, political and religious aspects (ll. 11 - 15),
  - quotes former U.S. President Roosevelt's "Four Freedoms" in relation to free global trade,
  - involves audience by using personal pronouns like "our", "us" and "we" (ll. 15, 18).
- Larson speaks directly to his audience when he
  - asks rhetorical questions ((ll. 34 - 37),
  - quotes a saying (ll. 23/24),
  - points out examples (ll. 34 - 39),
  - refers to current negotiations (ll. 40 - 41).

Erstellen Sie nun eine ausführliche Lösung (Stichpunktlösung zum Vergleich).

Aufgabenstellung

4.1 **Comment** on the problem of protection "from competition from developing countries". (ll. 42 - 43). (Evaluation: comment; AB III)

Tipp: Worauf kommt es an?

Die Aufgabe 4 ist dem Anforderungsbereich III (s. S. 20) zuzuordnen. Die Bearbeitung erfordert entweder eine Auswertung und Bewertung des Erarbeiteten in einem größeren Zusammenhang *(comment)* oder eine kreative Weiterentwicklung der Thematik in Form eines Leserbriefes.
Diese Aufgabe macht ca. $\frac{1}{3}$ der gesamten inhaltlichen Leistung aus. Vor dem Schreiben sollte der Text genau entworfen und strukturiert werden, was in der Zeitplanung bedacht werden muss.

Erwartungshorizont

Hier muss zu Problemen der Globalisierung der Wirtschaft der Industrienationen und der Entwicklungsländer Stellung genommen werden. Es gilt, die Aspekte der Chancenverbesserung der Entwicklungsländer auf dem Weltmarkt, das aus der Globalisierung resultierende Wirtschaftswachstum und die verstärkten Investitionen in Entwicklungsländer zu nennen. Die Stellungnahme sollte überzeugend aufgebaut sein.

Notizen

Stichpunktlösung

You can emphasize the following points as you wish:

- protectionism necessary to guarantee jobs, minimum wages and appropriate standard of living in industrialised countries,
- poverty causes people to work longer for less pay in developing countries,
- protectionism not necessary in developing countries to stimulate global economy, but necessary to protect people from poverty,
- support for developing countries very important so that they become and remain competitive in global markets,
- to optimise profitability, "global players" buy raw materials in developing countries or invest in low-wage economies,
- globalisation increases competition between industrialised economies and developing countries - possible result: competitive distortion and discrimination in poorer countries.

Erstellen Sie nun eine ausführliche Lösung (Stichpunktlösung zum Vergleich).

Aufgabenstellung

4.2 Write a letter to the editor of the journal *Economic Perspectives,* in which you discuss the problem of globalization by referring to the situation of the developed and the developing countries. (Evaluation: recreation of text; AB III)

Tipp: Worauf kommt es an?

Die Aufgabe 4 ist dem Anforderungsbereich III (s. S. 20) zuzuordnen. Die Bearbeitung erfordert entweder eine Auswertung und Bewertung des Erarbeiteten in einem größeren Zusammenhang *(comment)* oder eine kreative Weiterentwicklung der Thematik in Form eines Leserbriefes.

Diese Aufgabe macht ca. $\frac{1}{3}$ der gesamten inhaltlichen Leistung aus. Vor dem Schreiben sollte der Text genau entworfen und strukturiert werden, was in der Zeitplanung bedacht werden muss.

Erwartungshorizont

Erwartet wird ein überzeugender Leserbrief, der sich auf den Ausgangstext bezieht. Es sollten ein klarer Standpunkt oder eine deutlich abwägende Haltung zu erkennen sein. Globalisierung kann hier als ökonomisch sinnvoll und notwendig dargestellt werden. Es ist aber auch möglich, Globalisierung aufgrund von Wettbewerbsverzerrung und Benachteiligung armer Länder negativ darzustellen. Aktuelle Diskussionen der G7/G8-Staaten und NGOs können einbezogen werden.

Stichpunktlösung

Die formellen Anforderungen für den Leserbrief müssen erfüllt sein. Hierzu gehören die Adresse, das Datum, die Anrede und die Schlussfloskel. Der Brief sollte in unterschiedlicher Akzentuierung die Argumente der Stellungnahme (Aufgabe 4.1) enthalten.

Erstellen Sie nun eine ausführliche Lösung (Stichpunktlösung zum Vergleich).

Notizen

Trainingsaufgabe 6
Interpretation und Analyse – Roman und Illustration

Aufgabentyp	Interpretation und Analyse
Material	Barry Unsworth: *Sacred Hunger.* New York 1992 Illustration: Sklavenschiff Übersetzungstext aus: *The Guardian,* 15. Dezember 2004
Thema	Slave trade
Niveau	Leistungskurs, Bearbeitungszeit 270 Minuten
Bewertungseinheiten	210 Punkte

Aufgabenstellung

I. Questions on the text

Read all the questions first, then answer them in the given order. Use your own words as far as is appropriate.

1. Outline Kemp's business venture and the current state of his affairs. (10 P)
2. Summarise the arguments used by Kemp to persuade his nephew to accept his offer of the post of the ship's doctor. (20 P)
3. Analyse Kemp's real motives for his offer to Matthew; what do they reveal about his character? (20 P)
4. Outline Matthew's situation in life, past and present, and explain why it accounts for his decision to accept his uncle's offer. (20 P)
5. Choose two examples that reveal how little real communication takes place between the two men in this scene and explain them in detail. (20 P)
6. How do narrative techniques contribute to the reader's perception of the characters? (20 P)

II. Composition (50 P)

Choose o n e of the following topics. Write about 250 to 300 words.

1. Modern forms of slavery.
2. Slavery and colonialism are not ancient or foreign history; the world they made is around us. Discuss, using your knowledge of British and/or American history.
3. Are moral integrity and economic profit compatible?
4. Write Matthew's letter to a Member of Parliament, protesting against the conditions on board the slave ship, which were similar to the ones in the picture.

Notizen

III. Translation (50 P)

Translate the following text into German.

It is almost obligatory these days to be cynical about those who want to be good. We seem incapable of attributing noble motives to anyone: politicians must be looking to posterity, the rich and successful must be alleviating their guilt or feeding their egos. I have no problem with doing good things for less than pure reasons. So what if a charity record helps promote a singer or band, or if donating money helps ease someone's conscience? Who cares if a political leader is looking to the history books when trying to improve the plight of the world's poor? Every day the rest of us make decisions based on ego and self-interest. Christmas may be the season for giving but the underlying promise of Christianity is that by doing good Christians ensure themselves a place in heaven – a more naked plea to self-interest would be hard to imagine. Rather than falling for the fantasy that selfishness is somehow sinful, we could all do with being more selfish. After all, charity is most effective when it makes a connection with our own lives and our own concerns. The most compelling reason for helping others is that we are also helping ourselves.

Sarfraz Manzoor: "Be selfish: do a good deed". From: *The Guardian,* December 15, 2004

Material 1

A scene between William Kemp and his nephew, Matthew Paris:

They were in the room on the first floor of the house which Kemp regarded as his sanctum and sometimes called his study, though nothing much but ledgers were studied there. Pipe in mouth, he looked through curls of smoke at the young man sitting opposite, hunched forward in the easy-chair as if set on maintaining a notion of sufferance, his large hands loosely clasped between his knees. "You must regard my house as your own for as long as you choose," he said.

The sound of his own words animated Kemp with a renewed sense of the excellence of his motives. His spirits rose. He was behaving generously towards his nephew and at the same time gaining the services of a qualified medical man. A less qualified medical man would have done, he knew that: most of the slavers that sailed out of Liverpool would have some sawbones apprentice or drunken quack aboard, or no one; but that was not good enough for the Liverpool Merchant. Moreover, he was killing other pigeons with the same shot: by this kindness to a bankrupt he was dressing his ship in the colours of charity and compassion.

Kemp held a moral view of the universe. God balanced the ledgers. Nothing went unrecognized. A good deed was an entry on the credit side, a bill drawn on destiny which could not fail to be met one day. He saw his ship home in port again, riding at anchor in the Pool, laden with goods high in demand, saw his creditors satisfied, temporarily at least, with the interest on their loans, till the cotton trade took a turn for the better, as it soon must. The vision glowed in his cheeks and eyes as he leaned forward. "Africa," he said, "you will be going to Africa, Matthew. Think of it."

"I have thought much of it." Paris sat up a little, straightening his shoulders in polite response. He did not know what to say to his uncle, whom he thought looked rather hectic and high-coloured this afternoon, feverish almost; he would have liked to take his pulse.

Not feeling able to suggest this, he looked away towards the window. By the river. Ruth and I hand in hand, light raining down on leaf and bud, shadows moving on the water.

Notizen

Light of love in her face. We sat together on the bank. By then she was carrying the child. A day to be remembered, because we knew - and told each other - that we need do nothing but wait. We only had to be as we were. Everything was calm and satisfactory. The house not very grand but with room enough, and the income from shop and practice sufficient. We only had to wait, with our love, for the child to come. Now Ruth is nowhere in the world any more and I am going to Africa.

"Yes," he said, "well, it is very far away. It is a place I had never thought to visit. But it might as well be there as anywhere." Lest this should sound ungrateful, he added quickly, "I thank you once again for your letter, uncle, and for wishing to do me a service."

"Blood is thicker than water." Kemp's tone held an increased alertness. He had sensed some reservation in the other's words. "You did yourself express an interest in what I had to propose," he added after a short pause. After all, it is why you are here, he was on the point of adding, but refrained, as it might seem to suggest there could be no other reason. All the same, the question hung in the air for some moments. Paris did not reply immediately. He was a man who, Kemp suspected, might gnaw at his own purposes indefinitely if left alone to do so.

"You have taken into account the advantages, of course," he said. "As I outlined them in my letter. You will be calling at places with many marvels to offer."

"Indeed yes." Paris nodded gravely. "It was said by Pliny[1] that out of Africa there comes always something new."

"Oh, aye, was it? Well, he was in the right of it. And then, being a man of science you will find a quantity of things to notice." "I have no doubt of it."

"I don't mention money," the merchant said. "You have incurred expenses and these have been met. We need say no more about that. But there is something else which I think will interest you." Kemp leaned forward again, marking a pause. "I had been keeping it till the ship's articles were signed, but there is no harm in telling you now. I am purposing to allow you three negroes privilege[2] to be paid out of the cargo at cost, your choice of the blacks to be marked at the time of purchase. There now, what do you think of that?" He was disappointed to discern no change of expression on his nephew's face. "That is in addition to salary," he added in a tone of reproach.

After a long moment Paris smiled slightly and said, "That is an unlooked-for generosity on your part."

"And then, just now, a break, a period away from home, new fields of endeavour. To dispel those unfortunate associations which must ... to an extent at least ... I had hoped to have your final answer."

"Oh, I am going," the other replied quickly and, it seemed, almost carelessly, certainly not as though capitulating to argument. In fact he had known from the first, from first receiving his uncle's letter, that he would go. This exile of a long voyage, a commerce he had every reason to believe degraded, and suitable therefore for such as himself - it was a combination, in his wretchedness, impossible to resist. He had not doubted since then, was so far from doubting now that he was surprised to see relief show on his uncle's face. "Certainly I am going," he repeated.

From: Barry Unsworth, *Sacred Hunger*, 1992

Annotations

1 ***Pliny*** *Pliny the Elder (23 to 79 AD): Roman scholar and scientist*

2 ***privilege*** *here: a customary payment or gratuity to the master of a ship, usually in return for or in anticipation of some service*

Notizen

Material 2

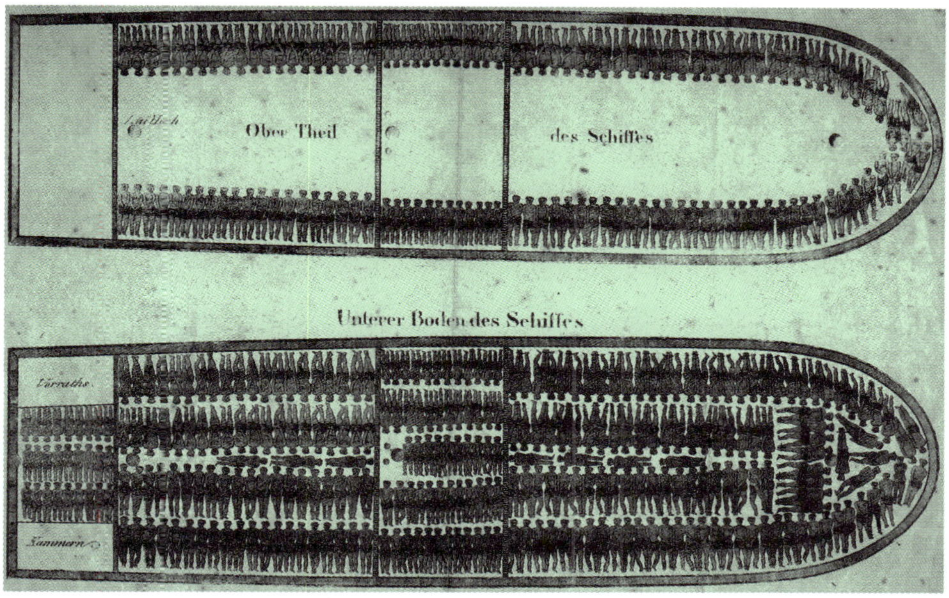

Notizen

Lösungsvorschlag 6
So knacke ich die Aufgabe

Checkliste zur Selbsteinschätzung

Darüber sollten Sie Bescheid wissen:	Alles klar	Noch einmal nachlesen
I. Methodisches Wissen		
an der Aufgabenstellung erkennen, wonach gefragt ist		
Kernaussagen des Textes in eigenen Worten zusammenfassen		
Aussagen des Textes und die daraus zu ziehenden Schlüsse gedanklich trennen		
korrekt belegen und zitieren		
Argumentation für den Kompositionsteil sinnvoll gliedern		
Argumente in einen Zusammenhang bringen und aufeinander beziehen		
eigene Gedanken für den Kompositionsteil in Einleitung, Hauptteil und Schluss unterteilen		
Stil und Elemente eines formalen englischen Briefs berücksichtigen		
II. Inhaltliches Wissen		
Sklavenhandel und der Transport der Sklaven auf speziellen Schiffen von Afrika nach Amerika		Stichwort für Recherche: „slave trade“
Globalisierung als moderne Form des Sklavenhandels		Internetrecherche: www.ifg.org; www.foei.org
Kolonialisierung Amerikas und der Welt durch das Britische Weltreich		www.besthistory-sites.net
Einfluss der britischen und amerikanischen Geschichte auf unser Leben heute		eigene Notizen
III. Literaturwissenschaftliches Wissen		
Charakterisierung		
Beziehung und Interaktion zwischen Romanfiguren		
Erzählperspektive		

Notizen

Darüber sollten Sie Bescheid wissen:	Alles klar	Noch einmal nachlesen
Möglichkeiten der Rezeptions- bzw. Leserlenkung		
Fachvokabular zur Textanalyse		

Notizen

Aufgabenstellung

I.1 **Outline** Kemp's business venture and the current state of his affairs.

Tipp: Worauf kommt es an?

Die Aufgaben I.1 und I.2 sind dem Anforderungsbereich I (s. S. 14) zuzuordnen, wobei Aufgabe I.2 etwas mehr Gewicht hat als Aufgabe I.1, weil die Antwort zum Teil zwischen den Zeilen des Textes zu lesen ist und weil insgesamt mehr Teilaspekte zu finden sind. Die Bearbeitung erfordert die rein inhaltliche Wiedergabe der zentralen Aussagen des Textes bezogen auf die konkrete Fragestellung der Aufgabe. Man soll die Textaussage kurz und präzise in eigenen Worten zusammenfassen, nicht aber begründen, kommentieren oder werten, sodass man auf diesen Teil der Aufgabenstellung nicht zu viel Zeit verwenden muss.

Erwartungshorizont

Es soll kurz zusammenfassend dargestellt werden, womit Kemp sein Geld verdient und wie seine Geschäfte im Moment gerade stehen.

Stichpunktlösung

- Businessman who owns a ship that carries slaves from Africa (l. 10), presumably to the slave markets in America, and brings back other goods to sell in England (ll. 17/18),
- business seems successful at the moment even though he had to borrow money ("creditors", l. 18) when the cotton trade slumped (l. 19) and now has to pay off his debts. *(Note: The text makes clear that Kemp is looking forward in time to when his ship will return to Liverpool with goods bought in exchange for slaves.)*

Erstellen Sie nun eine ausführliche Lösung (Stichpunktlösung zum Vergleich).

Aufgabenstellung

I.2 **Summarise** the arguments used by Kemp to persuade his nephew to accept his offer of the post of the ship's doctor.

Tipp: Worauf kommt es an?

Die Aufgaben I.1 und I.2 sind dem Anforderungsbereich I (s. S. 14) zuzuordnen, wobei Aufgabe I.2 etwas mehr Gewicht hat als Aufgabe I.1, weil die Antwort zum Teil zwischen den Zeilen des Textes zu lesen ist und weil insgesamt mehr Teilaspekte zu finden sind.

Die Bearbeitung erfordert die rein inhaltliche Wiedergabe der zentralen Aussagen des Textes bezogen auf die konkrete Fragestellung der Aufgabe. Man soll die Textaussage kurz und präzise in eigenen Worten zusammenfassen, nicht aber begründen, kommentieren oder werten, sodass man auf diesen Teil der Aufgabenstellung nicht zu viel Zeit verwenden muss.

Erwartungshorizont

Die Argumente, die Kemp anführt, um seinen Neffen als Schiffsarzt für sein Sklavenschiff zu gewinnen, sollen zusammenfassend dargestellt werden.

Stichpunktlösung

- Matthew will be going to Africa (l. 21), a fascinating continent,
- Matthew seems to have expressed an interest himself (ll. 36/37),
- Matthew will see many places that are interesting (l. 46), especially to him as a doctor (ll. 49/50),
- Matthew will be paid a salary and an extra bonus of three slaves (ll. 55/56; l. 58),
- some time away from home will be good for him in his present situation (ll. 61/62).

Erstellen Sie nun eine ausführliche Lösung (Stichpunktlösung zum Vergleich).

Aufgabenstellung

I.3 **Analyse** Kemp's real motives for his offer to Matthew; what do they reveal about his character?

Tipp: Worauf kommt es an?

Die Aufgaben I.3 bis I.6 sind schwerpunktmäßig dem Anforderungsbereich II (s. S. 16) zuzuordnen (Aufgabe I.4 gehört zum Anforderungsbereich I). Die Bearbeitung erfordert zunächst die zusammenfassende Formulierung der Aussagen des Textes zum angegebenen Untersuchungsschwerpunkt. Anschließend muss man daraus die geforderten Schlüsse ziehen und am Text belegen.

Erwartungshorizont

Hier sollen Kemps Gründe, warum er seinen Neffen einstellt, dargelegt und im Hinblick auf seine darin zum Ausdruck kommenden Charaktereigenschaften ausgewertet werden.

Arbeitsschritte

Was muss ich tun?	Alles klar
Text im Zusammenhang lesen und unbekanntes Vokabular klären	
Aufgabenstellung verstehen; Operatoren prüfen	
Text lesen und Aussagen zu Kemps Geschäftszweig und Stand der Geschäfte markieren	

Notizen

Was muss ich tun?	Alles klar
Aussagen auf Englisch zusammenfassend formulieren, ohne sich dabei genau am Text zu orientieren	
Text lesen und Argumente markieren, die Kemp seinem Neffen gegenüber benutzt	
Aussagen zusammenfassend auf Englisch formulieren, ohne sich dabei genau am Text zu orientieren	
Text lesen und Gedanken Kemps zu den tatsächlichen Gründen für sein Angebot markieren	
Text lesen und Informationen zu Matthews früherer und heutiger Lebenssituation und seinen Gedanken und Gefühlen dazu markieren	
Ergebnisse im Hinblick auf seine Beweggründe, das Angebot seines Onkels zu akzeptieren, zusammenfassend darstellen, mit korrekter Angabe der benutzten Textstellen	
zwei Textstellen auswählen, die zeigen, dass die beiden Männer eigentlich nicht *miteinander* reden	
typische Erzählperspektiven im Text notieren	
aufzeigen, welchen Eindruck das Geschilderte auf den Leser macht und welche Informationen über die Figuren auf diese Weise mitgeteilt oder unterstrichen werden	
den persönlichen Eindruck und die verwendete Erzählperspektive miteinander in Verbindung bringen	
Ergebnisse dieses Analyseschritts zusammenfassend darstellen unter korrekter Angabe der benutzten Textstellen	
eines der gestellten Themen für die Komposition auswählen	
Stichpunkte zum gewählten Thema sammeln mögliche Stichpunkte zu Thema 1: ■ use of seasonal workers ■ abolition of protection against wrongful dismissal ■ weakening of trade unions (e.g. in UK) ■ need for badly paid unskilled workers to take on several jobs (working poor) ■ outsourcing to low-wage economies if works committee (Betriebsrat) is unwilling to accept lower wages and worse working conditions	
Stichpunkte und ihre gedanklichen Verknüpfungen in einer Mindmap arrangieren	
entscheiden, welche Gedanken in Einleitung, Hauptteil und Schlussteil genannt werden sollen	
Kompositionstext schreiben	

Notizen

Stichpunktlösung

- Kemp prides himself on offering better service than other ships (ll. 11/12),
- wants to appear charitable and compassionate, though he does not really feel so (ll. 13/14),
- seems to be a religious man who thinks e. g. that good deeds will help him on judgement day to balance the questionable ones,
- thinks God also looks at life in commercial terms as "balancing the books" (ll. 15 - 17),
- a man with morals, but only if he feels they are to his advantage, either financially or with regard to his reputation,
- a self-centred man; always puts his own interests first,
- hypocritical because not really interested in bereaved nephew, only pretends to be nice because of possible advantages.

Erstellen Sie nun eine ausführliche Lösung (Stichpunktlösung zum Vergleich).

Aufgabenstellung

I.4 Outline Matthew's situation in life, past and present, and explain why it accounts for his decision to accept his uncle's offer.

Tipp: Worauf kommt es an?

Die Aufgaben I.3 bis I.6 sind schwerpunktmäßig dem Anforderungsbereich II (s. S. 16) zuzuordnen (Aufgabe I.4 gehört zum Anforderungsbereich I). Die Bearbeitung erfordert zunächst die zusammenfassende Formulierung der Aussagen des Textes zum angegebenen Untersuchungsschwerpunkt. Anschließend muss man daraus die geforderten Schlüsse ziehen und am Text belegen.

Erwartungshorizont

Die im Text enthaltenen Informationen über Matthews frühere und momentane Lebenssituation sollen zusammenfassend dargestellt und als Begründung für seine Entscheidung, das Angebot des Onkels anzunehmen, ausgewertet werden.

Stichpunktlösung

- Matthew seems to have no money ("bankrupt", l. 13),
- was in love with a woman (l. 28) who was pregnant by him ("carrying the child", l. 28/29),
- had everything he could have asked for in life (ll. 30 - 32),
- now he is alone without his wife/lover (ll. 32 - 33),
- appears like a man who has lost everything dear to him and who does not really care what will happen to him, therefore accepts uncle's offer without thought (ll. 64 - 68),
- sees journey to Africa as a form of exile (l. 66).

Erstellen Sie nun eine ausführliche Lösung (Stichpunktlösung zum Vergleich).

Notizen

Aufgabenstellung

I.5 Choose two examples that reveal how little real communication takes place between the two men in this scene and **explain** them in detail.

Tipp: Worauf kommt es an?

Die Aufgaben I.3 bis I.6 sind schwerpunktmäßig dem Anforderungsbereich II (s. S. 16) zuzuordnen (Aufgabe I.4 gehört zum Anforderungsbereich I). Die Bearbeitung erfordert zunächst die zusammenfassende Formulierung der Aussagen des Textes zum angegebenen Untersuchungsschwerpunkt. Anschließend muss man daraus die geforderten Schlüsse ziehen und am Text belegen.

Erwartungshorizont

Anhand von zwei konkreten Beispielen aus dem vorliegenden Text soll gezeigt werden, dass die beiden Männer bei ihrer Unterhaltung eigentlich gar nicht miteinander kommunizieren.

Arbeitsschritte

siehe Aufgabe I.3.

Stichpunktlösung

Example 1

- What Kemp is saying has most influence on himself and his spirit (ll. 7/8),
- Matthew does not seem to listen much to what he says and does not know what to say to him either (l. 23); looks out of window and thinks of his own life (ll. 26–33).

Example 2

- Kemp interprets Matthew's lack of enthusiasm as "reservation" (l. 39) and inability to make decisions ("gnaw at his own purposes indefinitely if left alone to do so", ll. 43/44),
- Matthew, on the other hand, does not find it difficult to make the decision (cf. Aufgabe I.4), he just finds it difficult to talk to his uncle and, at the same time, is engrossed in his own thoughts.

Erstellen Sie nun eine ausführliche Lösung (Stichpunktlösung zum Vergleich).

Notizen

Aufgabenstellung

I.6 How do narrative techniques contribute to the reader's perception of the characters?

Tipp: Worauf kommt es an?

Die Aufgaben I.3 bis I.6 sind schwerpunktmäßig dem Anforderungsbereich II (s. S. 16) zuzuordnen (Aufgabe I.4 gehört zum Anforderungsbereich I). Die Bearbeitung erfordert zunächst die zusammenfassende Formulierung der Aussagen des Textes zum angegebenen Untersuchungsschwerpunkt. Anschließend muss man daraus die geforderten Schlüsse ziehen und am Text belegen.

Erwartungshorizont

Bei Aufgabe I.6 soll die Erzählperspektive im Hinblick auf den Eindruck analysiert werden, den der Leser von den beiden Romanfiguren erhält.

Stichpunktlösung

- Omniscient narrator, shifting between unlimited narrative perspective and limited points of view,
- reader gets to know about the thoughts and feelings of both men (e.g. ll. 40/41 for Kemp, ll. 35/36 for Matthew) as well as additional information about their past and present situations,
- at times the perspective is limited to the view of one man, i.e. the reader sees one man through the eyes of the other (see ll. 23-25 for Matthew's view of his uncle), at other times there are comments by the omniscient narrator on the appearance of the characters and also on their facial expressions (for example "The vision glowed in his cheeks and eyes", l. 20),
- the change of perspective gives the reader an insight into the two men's characters as well as seemingly neutral comments by the omniscient narrator,
- the reader can judge the two men not only from the narrator's point of view, but can form an independent view of the motives and reasons behind their behaviour,
- dialogue to show what is happening on the surface,
- reported thoughts contrasted with what is really said (e.g. ll. 7-21),
- interior monologue (first person) in the flashback presenting Matthew's past happiness and subsequent loss of wife and child (ll. 26-33),
- internal analysis (summary of Matthew's thoughts) gives insight into Matthew's reasons for spontaneously accepting his uncle's offer.

Erstellen Sie nun eine ausführliche Lösung (Stichpunktlösung zum Vergleich).

Notizen

Aufgabenstellung

II.1 Modern forms of slavery.

Tipp: Worauf kommt es an?

Die Kompositionsaufgabe ist dem Anforderungsbereich III (s. S. 20) zuzuordnen. Die Bearbeitung der Aufgaben II.1 bis II. 3 erfordert eine begründete, sinnvoll strukturierte Stellungnahme in Essayform zu einem der gestellten Themen, die zeigt, dass man die Textaussagen in einen größeren Zusammenhang einordnen oder übertragen kann.

Erwartungshorizont

Ausgehend von der Tatsache, dass in dem vorliegenden Text indirekt von Sklavenhandel die Rede ist, soll hier eine persönliche, an Beispielen begründete Stellungnahme dazu abgegeben werden, wo in der heutigen Welt moderne Formen des Sklavenhandels zu erkennen sind und wie diese zu bewerten sind.

Stichpunktlösung

- Government weakens position of trade unions (e. g. in UK) and allows employers more managerial freedom,
- unskilled workers need several jobs at the same time to make ends meet because their wages are too low; phenomenon of working poor,
- companies employ migrant workers and pay low wages,
- companies outsource work to low-wage countries where workers' rights are non-existent,
- society denies members of certain groups (e. g. Hispanics in the USA) access to well-paid jobs.

Erstellen Sie nun eine ausführliche Lösung (Stichpunktlösung zum Vergleich).

Aufgabenstellung

II.2 Slavery and colonialism are not ancient or foreign history; the world they made is around us. **Discuss,** using your knowledge of British and/or American history.

Tipp: Worauf kommt es an?

Die Kompositionsaufgabe ist dem Anforderungsbereich III (s. S. 20) zuzuordnen. Die Bearbeitung der Aufgaben II.1 bis II.3 erfordert eine begründete, sinnvoll strukturierte Stellungnahme in Essayform zu einem der gestellten Themen, die zeigt, dass man die Textaussagen in einen größeren Zusammenhang einordnen oder übertragen kann.

Erwartungshorizont

Es wird eine persönliche, an Beispielen begründete Stellungnahme dazu erwartet, wo sich in der heutigen Welt Einflüsse zeigen, die sich direkt oder indirekt auf die Sklaverei in Amerika und Kolonialherrschaft der Briten zurückführen lassen, und wie diese zu bewerten sind

Notizen

Stichpunktlösung

- African Americans and Hispanics denied access to certain jobs in America; cannot afford same social security as white Americans; dependent on other people; not free to make choices,
- Britain used to have colonies all over the world; still strong links between Britain and former colonies through Commonwealth; these links make it easy for British companies to become global players,
- economically strong countries use strength to exploit other countries in the same way as colonies used to be exploited; hence phenomenon known as "economic imperialism".

Erstellen Sie nun eine ausführliche Lösung (Stichpunktlösung zum Vergleich).

Aufgabenstellung

II.3 Are moral integrity and economic profit compatible?

Tipp: Worauf kommt es an?

Die Kompositionsaufgabe ist dem Anforderungsbereich III (s. S. 20) zuzuordnen. Die Bearbeitung der Aufgaben II.1 bis II.3 erfordert eine begründete, sinnvoll strukturierte Stellungnahme in Essayform zu einem der gestellten Themen, die zeigt, dass man die Textaussagen in einen größeren Zusammenhang einordnen oder übertragen kann.

Erwartungshorizont

Es wird eine persönliche, an Beispielen begründete Stellungnahme dazu erwartet, ob sich moralische Integrität und wirtschaftlicher Erfolg bzw. das Streben danach miteinander vereinbaren lassen oder ob sie sich gegenseitig ausschließen. Dabei ist die Definition der Begriffe als Ausgangspunkt der Überlegungen nützlich.

Stichpunktlösung

- Moral integrity means being certain that what you do is morally right and that your belief is shared by the community, and trying to avoid negative impact on other people's well-being, attitudes, beliefs, financial situation etc.,
- economic profit is the amount of money you gain by selling a service or product above the amount it costs you to buy, produce or provide it.
- Is it always morally wrong to try and sell services or goods at a price that gives you high profit?
- Is it morally wrong to sell, for example, computer equipment to poor African nations at the same cost as to rich industrial nations?
- If the added value that a service or product gives the customer is affordable to the customer, meets their needs, or is equal to the economic profit gained by the seller, can the business transaction be seen as morally acceptable?

Erstellen Sie nun eine ausführliche Lösung (Stichpunktlösung zum Vergleich).

Notizen

Aufgabenstellung

II.4 **Write Matthew's letter** to a Member of Parliament, protesting against the conditions on board the slave ship, which were similar to the ones in the picture.

Tipp: Worauf kommt es an?

Die Kompositionsaufgabe ist dem Anforderungsbereich III (s. S. 20) zuzuordnen. Aufgabe II.4 erfordert eine Stellungnahme aus Sicht der Romanfigur Matthew Paris in Briefform. Man sollte genügend Zeit für das sorgfältige Ordnen der eigenen Gedanken und für das Erstellen eines gut strukturierten Textes einplanen.

Erwartungshorizont

Es wird ein fiktiver formaler Brief aus der Sicht der Romanfigur Matthew Paris erwartet, in dem er sich gegenüber seinem Parlamentsabgeordneten zu den Zuständen auf einem Sklavenschiff äußert. Wichtig ist hier zu bedenken, dass der Brief nicht aus heutiger Sicht, sondern aus der Zeit der Sklaverei gesehen werden muss. Ebenso wichtig ist, dass der Briefschreiber mit dem Brief gegen die Zustände protestieren möchte.
Die Fragestellung deutet explizit auf die Illustration hin, die der Aufgabenstellung beigefügt ist. Daher sollten in dem Brief die wesentlichen Dinge erwähnt werden, die der Illustration zu entnehmen sind. Es geht jedoch nicht um eine Bildbeschreibung.

Stichpunktlösung

- Matthew's situation: accepted job his uncle offered because of financial difficulties and personal situation after losing wife and child,
- Matthew's description of situation on board slave ship: overcrowding; people packed close together, no room to move, chained together so that they cannot get up or walk around, have to eat poor food lying flat, dirty conditions, no hygiene, infectious diseases spread easily,
- Matthew's (possible) reaction: he leaves his uncle's employment in protest after trying in vain to make him improve the situation,
- Matthew's appeal to parliament to create and enforce laws which prevent such conditions, to check on slave ships and their owners, to ensure humane conditions even for slaves.

Erstellen Sie nun eine ausführliche Lösung (Stichpunktlösung zum Vergleich).

Hinweis:
Der Aufgabenteil III (Translation) wird in diesem Lösungsvorschlag nicht behandelt.

Notizen

Trainingsaufgabe 7
Interpretation und Analyse – Sachtext und Grafiken

Aufgabentyp	Interpretation und Analyse
Material	"The Case for Slow and Easy Capitalism: It Works". In: *Newsweek,* 2. Juli 2001
Thema	Globalisation
Niveau	Grundkurs, Bearbeitungszeit 4 Zeitstunden
Bewertungseinheiten	Keine Angabe

Notizen

Aufgabenstellung

1. What does the term "Slow Europe" refer to?

2.1 Explain the reasons for and the economic consequences of the "Slow Food/Slow Cities" movement indicated by the text.

2.2 Analyse the graphs: Does the information contained in them prove or disprove the tendency towards a "Slow Europe" claimed by the Newsweek article?

3. Choose one of the following assignments:

3.1 In your opinion, can "Slow Europe" be considered a model for the future of our continent?

3.2 Imagine you are the spokesperson of a citizens' action group that would like to see the region you live in join the "Slow Cities" movement. Write a speech designed to win the members of the town council over to your cause.

Material

Founded 15 years ago, Slow Food was at first a reaction to the proliferation of McDonald's outlets around Italy. Committed to combating "the evils of fast food" and, in a larger way, the global spread of the American 24/7/365 work culture, the movement now has 66,000 adherents around the world. They mobilize to protect local products from being driven into extinction by global brands. And, true to their name, they hold lots of really long lunches and dinners celebrating obscure sheep's-milk cheeses or cave-cured lard. "At the heart of our mission is the right to pleasure," says Slow Food's international director, Renato Sardo. "That can often be misunderstood by the Anglo-Saxon world."

The argument for a Slow Europe is not only that slow is good, but also that it can work. In 1999 Slow Food gave birth to the Slow City movement, which started in the tiny Tuscan town of Greve and has since spread throughout Italy. The organization has turned around local economies by promoting local goods and tourism, and now has a waiting list of cities hoping to copy the success of its members. Young Italians are moving from larger cities to Bra, where unemployment is only 5 percent, about half the nationwide rate. Slow food and wine festivals draw thousands of tourists every year. Shops are thriving, many with sales rising at a rate of 15 percent per year. "This is our answer to globalization", says Paolo Saturnini, the founder of Slow Cities and mayor of Greve.

As Europe transforms itself into a single market as large and as rich as the United States, the question of how to define the new Europe has never been more pressing. But the continent is in no rush. The sputtering of America's high-tech, high-stress New Economy has European leaders increasingly skeptical of a U.S. model they seemed eager to copy as recently as the EU summit in Lisbon last year. Urged on by Anglo Prime Minister Tony Blair, the summiteers agreed then to push an aggressive, American-style plan to free capital and labor markets, and generally minimize government limits on the freedom of corporations and the pace of working life.

That was then. Now each new piece of bad news from Nasdaq seems to reaffirm Europe's old fear of brutally free U.S. markets. While George W. Bush was touring the Continent this month, the European Union was pondering new rules that would make it easier to block megamergers, stop layoffs, regulate the Internet and generally tame the frenetic qualities of the New Economy. The Slow Cities are only an extreme case of a backlash against the American culture of haste that is showing up in European views on law and economics, even its latest lifestyle trends.

(words: 456)

Bra: city in Northern Italy; the home of an international movement that promotes "slow food" and one of 31 "slow cities" in Italy

The Case for Slow and Easy Capitalism: It Works

With the slump of the New Economy in the United States, Europe no longer feels pressure to adopt the 24/7 frenzy of the dot-com markets. From law to economics to lifestyle, Europeans are looking for ways to enjoy the good life but stay productive.

The Battle Against Burnout

PERCENTAGE OF EUROPEAN CONSUMERS WHO AGREE WITH THE FOLLOWING STATEMENTS:

No More 24/7/365

ESTIMATED ANNUAL AVERAGE OF HOURS WORKED PER EMPLOYEE

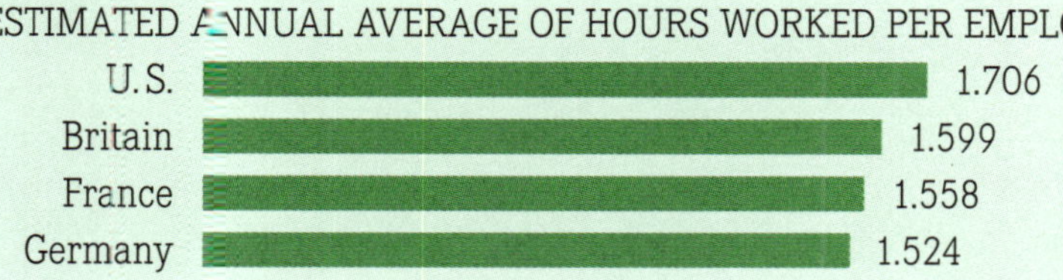

Notizen

Easy Street

PERCENTAGE OF EUROPEANS WITH LIQUID ASSETS OF:

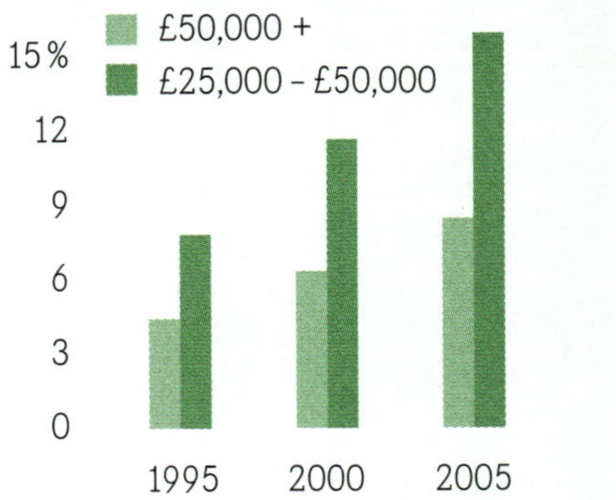

Big Mac Generation

AVG. FAST-FOOD CONSUMPTION PER PERSON IN US $

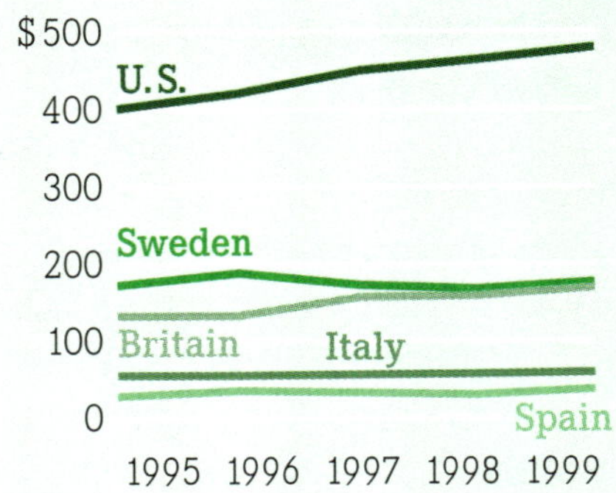

Productive France

AVERAGE GPD PER WORKER, PER HOUR IN US $

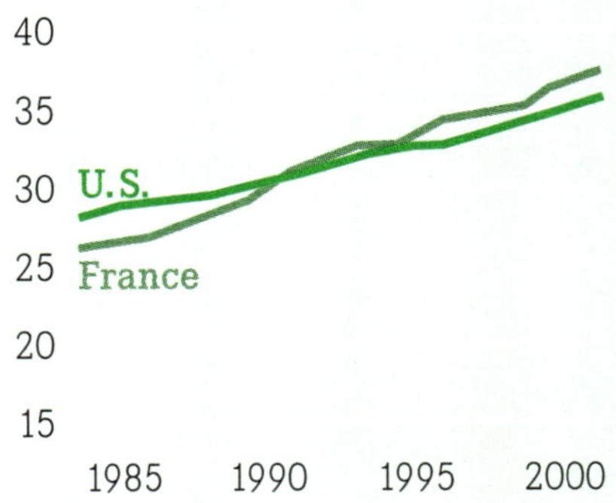

Give Us Another Break

MINIMUM VACATION DAYS AS REQUIRED BY LAW

U.S.	0	Germany	24
Belgium	20	France	25
Britain	20	Norway	25
Ireland	20	Sweden	25
Neth.	20	Austria	30
Switz.	20	Finland	30
Spain	22	Denmark	31

From: *Newsweek*, July 2, 2001

Hilfsmittel

Ein- und zweisprachiges Wörterbuch

Notizen

Lösungsvorschlag 7
So knacke ich die Aufgabe

Checkliste zur Selbsteinschätzung

Darüber sollten Sie Bescheid wissen:	Alles klar	Noch einmal nachlesen
I. Methodisches Wissen		
an der Aufgabenstellung erkennen, wonach gefragt ist		
Textstellen finden, die für die Aufgabenstellung relevant sind		
Kernaussagen des Textes in eigenen Worten zusammenfassen		
Aussagen des Textes und die daraus zu ziehenden Schlüsse gedanklich trennen		
korrekt belegen und zitieren		
Argumentation für den Kompositionsteil sinnvoll gliedern		
Argumente in einen Zusammenhang bringen und aufeinander beziehen		
eigene Gedanken für den Kompositionsteil in Einleitung, Hauptteil und Schluss unterteilen		
Elemente von statistischen Grafiken beschreiben und beurteilen		
II. Inhaltliches Wissen		
Veränderungen der Arbeits- und Wirtschaftswelt durch Globalisierung		Recherche, z. B. bei en.wikipedia.org; www.about.com
Übernahme amerikanischer Geschäfts- und Lebensformen durch die Menschen in Europa		
allgemeine wirtschaftliche Zusammenhänge in unserer modernen Welt		
III. Literaturwissenschaftliches Wissen		
Fachvokabular zur Textanalyse		
Fachvokabular zur Analyse von Grafiken		
Analyse von Sachtexten		
Vergleich von Text und Schaubild		

Notizen

Darüber sollten Sie Bescheid wissen:	Alles klar	Noch einmal nachlesen
Merkmale eines appellativen Textes		
rhetorische Elemente einer Rede		

Notizen

Aufgabenstellung

1. What does the term "Slow Europe" refer to?

Tipp: Worauf kommt es an?

Aufgabe 1 ist dem Anforderungsbereich I (s. S. 14) zuzuordnen. Die Bearbeitung erfordert die inhaltliche Wiedergabe der zentralen Aussagen des Textes unter Berücksichtigung der konkreten Fragestellung. Die Textaussage sollte kurz und präzise in eigenen Worten zusammengefasst, nicht aber begründet, kommentiert oder gewertet werden. Auf diesen Teil der Aufgabenstellung sollte nicht zu viel Zeit verwendet werden.

Erwartungshorizont

Es soll mit eigenen Worten kurz dargestellt werden, wie der Begriff „Slow Europe“ im Sinne des vorliegenden Textes zu verstehen ist.

Stichpunktlösung

- Movement opposing American economy as symbolised by fast food chains (ll. 2/3) and American 24/7 (= 24 hours a day, 7 days a week) work culture (l. 3),
- promoting local goods and customs to protect regional economies from globalisation (ll. 6 – 8),
- founding movements like "Slow Food" and "Slow Cities",
- putting pleasure and leisure over haste.

Erstellen Sie nun eine ausführliche Lösung (Stichpunktlösung zum Vergleich).

Aufgabenstellung

2.1 **Explain** the reasons for and the economic consequences of the "Slow Food/ Slow Cities" movement indicated by the text.

Tipp: Worauf kommt es an?

Die Aufgabe 2.1 ist schwerpunktmäßig dem Anforderungsbereich II (s. S. 16) zuzuordnen. Die Bearbeitung erfordert die Beantwortung der gestellten Frage durch Wiedergabe der Aussagen des Textes in eigenen Worten und Belegen durch Angabe der relevanten Textstellen.
Die Aufgaben des Anforderungsbereichs II bilden in der Regel den Schwerpunkt der Aufgabenstellung. Man sollte ihnen daher ausreichend Zeit widmen.

Erwartungshorizont

Die im Text angesprochenen Gründe und wirtschaftlichen Konsequenzen der „Slow Food/Slow Cities"-Bewegung sollen ausführlicher dargestellt und erläutert werden, indem eigene Kenntnisse über wirtschaftliche Zusammenhänge und Abläufe im Allgemeinen zur Erläuterung herangezogen werden. Textstellen werden zusätzlich als Beleg angeführt.

Arbeitsschritte

Was muss ich tun?	Alles klar
Text im Zusammenhang lesen und unbekanntes Vokabular klären	
Aufgabenstellung verstehen; Operatoren prüfen	
Text lesen und Aussagen zur Bedeutung von „Slow Europe" markieren	
Aussagen auf Englisch zusammenfassend formulieren, ohne sich dabei genau am Text zu orientieren	
Text erneut lesen und Gründe für die Entwicklung von „Slow Europe" sowie sich daraus ergebende wirtschaftliche Konsequenzen markieren	
geeignete Textstellen zum Beleg auswählen	
Gründe und Konsequenzen darstellen unter Zuhilfenahme eigener Beispiele und der Textstellen zum Beleg in einem geschlossenen, analytischen Text	
Ergebnisse in einem geschlossenen, analytischen Text darstellen	

Stichpunktlösung

Reasons

- Europeans feel that slower pace increases quality and can support local economy (ll. 10 – 13),
- Europeans more critical of American way of life and American business ethics (ll. 21 – 23),
- American business style has failed to some extent, as can be seen from problems in stock market (ll. 27/28).

Consequences

- Focus on local goods attracts more business (especially tourism) (l. 15),
- new jobs attract young people away from big cities (ll. 13/14) – business flourishes because there are more consumers (l. 16),
- more business means unemployment decreases and standard of living increases,
- success of movement has attracted more towns/cities to join,
- EU considering laws to avoid globalisation and a "brutally free" (l. 28) economy following American examples.

Erstellen Sie nun eine ausführliche Lösung (Stichpunktlösung zum Vergleich).

Notizen

Aufgabenstellung

2.2 Analyse the graphs: Does the information contained in them prove or disprove the tendency towards a "Slow Europe" claimed by the Newsweek article?

Tipp: Worauf kommt es an?

Die Aufgabe 2.2 ist schwerpunktmäßig dem Anforderungsbereich II (s. S. 16) zuzuordnen. Die Bearbeitung erfordert die Beantwortung der gestellten Frage durch Wiedergabe der Aussagen des Textes in eigenen Worten und Belegen durch Angabe der relevanten Textstellen.
Die Aufgaben des Anforderungsbereichs II bilden in der Regel den Schwerpunkt der Aufgabenstellung. Man sollte ihnen daher ausreichend Zeit widmen.

Erwartungshorizont

Die einzelnen Schaubilder sollen beschrieben und auf ihre Aussagekraft bezüglich der Textaussage kritisch untersucht werden. Es soll begründet dargestellt werden, welche von ihnen die Textaussage unterstützen, welche keine Aussagekraft haben und welche ihr widersprechen.

Arbeitsschritte

Siehe Aufgabe 2.1.

Stichpunktlösung

- "Slow Europe" idea supported by "Big Mac Generation" (fast food consumption in Europe has not risen in the same way as in USA), "Give Us Another Break" (unlike USA, European governments believe minimum holiday time should be guaranteed by law), and "No More 24/7/365" (Europeans work considerably less than workers in USA),
- "The Battle Against Burnout" does not really allow judgement on the question (no comparison between USA and Europe),
- "Easy Street" topic (nothing to do with length of working time or speed) and "Productive France" (only shows that French work more effectively than Americans do, but not how they achieve it) cannot be linked to the question.

Erstellen Sie nun eine ausführliche Lösung (Stichpunktlösung zum Vergleich).

Notizen

Aufgabenstellung

3.1 In your opinion, can "Slow Europe" be considered a model for the future of our continent?

Tipp: Worauf kommt es an?

Die Aufgabe 3.1 ist dem Anforderungsbereich III (s. S. 20) zuzuordnen. Die Bearbeitung der Aufgabe 3.1 erfordert eine begründete, sinnvoll strukturierte Stellungnahme in Essayform, die die gestellte Frage beantwortet und zeigt, dass die Textaussagen in einen größeren Zusammenhang eingeordnet oder übertragen werden können. Bei dieser Aufgabe muss genügend Zeit für das sorgfältige Ordnen der Gedanken und das Erstellen eines gut strukturierten Textes eingeplant werden.

Erwartungshorizont

Es soll strukturiert und begründet dazu Stellung genommen werden, ob „Slow Europe" ein tragfähiges Modell für die wirtschaftliche Zukunft Europas sein kann. Es wird erwartet, dass dies durch Beispiele aus der eigenen Erfahrungswelt illustriert wird. Zudem sind differenzierte Äußerungen zu unterschiedlichen Wirtschaftssektoren gefordert.

Stichpunktlösung

- "Slow Europe" has already proved that it works in some areas,
- workers are keen to protect rights, jobs and lifestyle against global threats, but are under pressure from employers in Europe, too,
- promoting local businesses attracts tourism and workers in some (but not all) areas, depending on predominant regional industry,
- exporting companies depend on global links and global competitiveness,
- some German companies have found they can produce more cheaply in (e.g.) Eastern Europe, but the quality of work is not as high, so they have moved their businesses back to Germany.

Erstellen Sie nun eine ausführliche Lösung (Stichpunktlösung zum Vergleich).

Aufgabenstellung

3.2 Imagine you are the spokesperson of a citizens' action group that would like to see the region you live in join the "Slow Cities" movement. **Write a speech** designed to win the members of the town council over to your cause.

Tipp: Worauf kommt es an?

Die Aufgabe 3.2 ist dem Anforderungsbereich III (s. S. 20) zuzuordnen. Die Bearbeitung der Aufgabe 3.2 erfordert einen appellativen Redetext, in dem die Zuhörer durch Beispiele und Argumente von der in der Aufgabenstellung geforderten Position überzeugt werden sollen. Bei dieser Aufgabe muss genügend Zeit für das sorgfältige Ordnen der Gedanken und das Erstellen eines gut strukturierten Textes eingeplant werden.

Notizen

Erwartungshorizont

Die Textsorte für die Lösung dieser Aufgabe ist die Rede. Dementsprechend werden rhetorische Elemente einer Rede erwartet. Die Aufgabenstellung verlangt, dass der Redner von den Vorzügen der Idee der „Slow Cities“ überzeugt ist und sie anpreist. Dabei geht es nicht nur um allgemeine Aspekte, sondern insbesondere um den konkreten Nutzen für die Stadt, die der Redner anspricht. Diese muss nicht real existieren, sondern kann fiktiv gewählt werden.

Stichpunktlösung

- Other cities (e. g. in Italy) have shown that it works,
- important to focus on unique products and services available in area/town (e. g. farm products, traditional handicraft, local festivals etc.),
- advertising campaign to attract tourism,
- cooperative ventures involving diverse services within whole town create image of healthy, prosperous business environment,
- public facilities to enjoy leisure time (e. g. parks, swimming pools, cycle tracks, flower and plant arrangements to make inner city more attractive),
- banning traffic from inner-city areas and allowing street cafés, beer gardens, restaurants to set up near small shops,
- providing cheap parking and free shuttle buses into city centre,
- taken together, measures to improve quality of life will attract more workers and consumers,
- attracting more people will increase business opportunities, lower unemployment and generate more income for community in general.

Erstellen Sie nun eine ausführliche Lösung (Stichpunktlösung zum Vergleich).

Notizen

Trainingsaufgabe 1
Interpretation und Analyse – Romanauszug und Gedicht

Aufgabentyp	Interpretation und Analyse
Material	Khaled Hosseini: *The Kite Runner,* London 2003 Moira Andrew: "One Parent Family". In: *A Shooting Star,* Oxford 1985 Amelia Hill: "An Afghan hounded by his past". In: *The Observer,* 7. September 2003
Thema	Interpersonal relations
Niveau	Leistungskurs, Bearbeitungszeit 270 Minuten
Bewertungseinheiten	70 Punkte

Aufgabenstellung

A Text production

A1 COMPREHENSION/ANALYSIS/INTERPRETATION

Answer in complete English sentences.

1.1 Compare Hassan and the narrator considering their relationship. (4 P)

1.2 Describe the atmosphere conveyed in the text and analyse how it is created. (4 P)

1.3 Examine the usage of the phrases "peeking into the alley" (ll. 3/4) and "peeking into that deserted alley" (l. 6). (2 P)

(Inhalt: 10 P)

A2 COMPOSITION

Choose **one** of the following topics.

2.1 "[...] but it's wrong what they say about the past, I've learned, about how you can bury it. Because the past claws its way out." (ll. 4 – 6)
Write an essay proving the impact that events in the history of the United Kingdom and/or the USA have on these societies today.

2.2 Interpret the poem, evaluating the assertion that the traditional family is a thing of the past.

2.3 "'Go on, now, he'd say. This is grown-ups' time [...]'" (l. 60)
Discuss if children should be spared from the evils in this world.

(Inhalt: 10 P)

Erreichbare Punkte-Anzahl Teil A (Summe A1 und A2):
(Inhaltliche Leistung: 20 P)
(Sprachrichtigkeit: 20 P)
(Ausdrucksvermögen: 10 P)
(50 P)

Notizen

B Translation

An Afghan hounded by his past

by Amelia Hill

[...] Whatever the truth of the claim to be the first English-language Afghan novel, Hosseini is certainly the first Afghan novelist to fictionalise his culture for a Western readership, melding the personal struggle of ordinary people into the terrible historical sweep of a devastated country in a rich and soul-searching narrative.
Over the last three decades, Afghanistan has been ceaselessly battered by Communist rule, Soviet occupation, the Mujahideen and a democracy that became a rule of terror. It is a history that can intimidate and exhaust an outsider's attempts to understand, but Hosseini extrudes it simply and quietly into an intimate account of love, honour, guilt, fear and redemption that needs no dry history book or atlas to grip and absorb. [...]
The Kite Runner is about the price of peace, both personal and political, and what we knowingly destroy in our hope of achieving that, be it friends, democracy or ourselves.

(158 words)

Annotation:
historical sweep (lines 3/4) here: history

(Erreichbar: 20 P)

Notizen

Material 1

The Kite Runner (excerpt)

Chapter one
December 2001
I became what I am today at the age of twelve, on a frigid overcast day in the winter of 1975. I remember the precise moment, crouching behind a crumbling mud wall, peeking into the alley near the frozen creek. That was a long time ago, but it's wrong what they say about the past, I've learned, about how you can bury it. Because the past claws its way out. Looking back now, I realize I have been peeking into that deserted alley for the last twenty-six years.
One day last summer, my friend Rahim Khan called from Pakistan. He asked me to come see him. Standing in the kitchen with the receiver to my ear, I knew it wasn't just Rahim Khan on the line. It was my past of unatoned sins. After I hung up, I went for a walk along Spreckels Lake on the northern edge of Golden Gate Park. The early-afternoon sun sparkled on the water where dozens of miniature boats sailed, propelled by a crisp breeze. Then I glanced up and saw a pair of kites, red with long blue tails, soaring in the sky. They danced high above the trees on the west end of the park, over the windmills, floating side by side like a pair of eyes looking down on San Francisco, the city I now call home. And suddenly Hassan's voice whispered in my head: *For you, a thousand times over.* Hassan the harelipped kite runner.
I sat on a park bench near a willow tree. I thought about something Rahim Khan said just before he hung up, almost as an afterthought. *There is a way to be good again.* I looked up at those twin kites. I thought about Hassan. Thought about Baba. Ali. Kabul. I thought of the life I had lived until the winter of 1975 came along and changed everything. And made me what I am today.

Chapter two

When we were children, Hassan and I used to climb the poplar trees in the driveway of my father's house and annoy our neighbors by reflecting sunlight into their homes with a shard of mirror. We would sit across from each other on a pair of high branches, our naked feet dangling, our trouser pockets filled with dried mulberries and walnuts. We took turns with the mirror as we ate mulberries, pelted each other with them, giggling, laughing. I can still see Hassan up on that tree, sunlight flickering through the leaves on his almost perfectly round face, a face like a Chinese doll chiseled from hardwood: his flat, broad nose and slanting, narrow eyes like bamboo leaves, eyes that looked, depending on the light, gold, green, even sapphire. I can still see his tiny low-set ears and that pointed stub of a chin, a meaty appendage that looked like it was added as a mere afterthought. And the cleft lip, just left of midline, where the Chinese doll maker's instrument may have slipped, or perhaps he had simply grown tired and careless.

Sometimes, up in those trees, I talked Hassan into firing walnuts with his slingshot at the neighbor's one-eyed German shepherd. Hassan never wanted to, but if I asked, really asked, he wouldn't deny me. Hassan never denied me anything. And he was deadly with his slingshot. Hassan's father, Ali, used to catch us and get mad, or as mad as someone as gentle as Ali could ever get. He would wag his finger and wave us down from the tree. He would take the mirror and tell us what his mother had told him, that the devil shone mirrors too, shone them to distract Muslims during prayer. "And he laughs while he does it," he always added, scowling at his son.

"Yes, Father," Hassan would mumble, looking down at his feet. But he never told on me. Never told that the mirror, like shooting walnuts at the neighbor's dog, was always my idea.

The poplar trees lined the redbrick driveway, which led to a pair of wrought-iron gates. They in turn opened into an extension of the driveway into my father's estate. The house sat on the left side of the brick path, the backyard at the end of it.

Everyone agreed that my father, my Baba, had built the most beautiful house in the Wazir Akbar Khan district, a new and affluent neighborhood in the northern part of Kabul. Some thought it was the prettiest house in all of Kabul. A broad entryway flanked by rosebushes led to the sprawling house of marble floors and wide windows. [...]

Upstairs was my bedroom, Baba's room, and his study, also known as "the smoking room", which perpetually smelled of tobacco and cinnamon. Baba and his friends reclined on black leather chairs there after Ali had served dinner. They stuffed their pipes - except Baba always called it "fattening the pipe" - and discussed their favorite three topics: politics, business, soccer. Sometimes I asked Baba if I could sit with them, but Baba would stand in the doorway. "Go on, now," he'd say. "This is grown-ups' time. Why don't you go read one of those books of yours?" He'd close the door, leave me to wonder why it was always grown-ups' time with him. I'd sit by the door, knees drawn to my chest. Sometimes I sat there for an hour, sometimes two, listening to their laughter, their chatter. [...]

(898 words)

Abridged from: Khaled Hosseini. *The Kite Runner.* London: Bloomsbury, 2003, pp. 1 - 5.

Wortangaben:

1975 (line 3) Soviet invasion of Afghanistan

Notizen

Material 2

One Parent Family

My mum says she's clueless
not, as you'd imagine,
at wiring three pin plugs or
straightening a bicycle wheel,
but at sewing buttons
on a shirt, icing names and
dates on birthday cakes,
preparing a three-course meal.

She's not like other mothers;
although she's slim and neat
she looks silly in an apron,
just great in dungarees.
She'll tackle any household job,
lay lino, fix on tiles, does
all the outside paintwork, climbs
a ladder with practised ease.

Mind you, she's good for
a cuddle when I fall and
cut my knee. She tells me
fantastic stories every night,
laughs at my disasters, says
that she's as bad when she
reads a recipe all wrong and
her cakes don't come out right.

I know on Open Evenings
she gives a bad impression
at the school. She doesn't wear
the proper clothes. "Too bad,"
the others sometimes say,
"you've got such a peculiar mum."
"It's just as well," I tell them.
"She is my mother and my dad!"

From: Moira Andrew. "One Parent Family". A Shooting Star. Ed. Wes Magee. Oxford: Basil Blackwell, 1985, pp. 10 - 11.

Notizen

Lösungsvorschlag 1
So knacke ich die Aufgabe

Checkliste zur Selbsteinschätzung

Darüber sollten Sie Bescheid wissen:	Alles klar	Noch einmal nachlesen
I. Methodisches Wissen		
relevante Teile eines Textes in eigenen Worten wiedergeben		
Gliederung und Strukturierung des eigenen Textes		
sicherer Umgang mit Analysetechniken		
Beherrschung von Charakterisierungen		
Erkennen von sprachlichen Mitteln und deren Funktion		
korrektes Belegen und Zitieren		
II. Inhaltliches Wissen		
Immigration		www.cis.org
American Dream		
Geschichte der USA und des UK		www.besthistorysites.net
Werte der USA bzw. des UK		www.americanvalues.org
Umgang mit Medien		www.gdrc.org
Kindheit, Jugend, Erziehung		
Gleichberechtigung		www.equalitynow.org
III. Literaturwissenschaftliches Wissen		
Charakterisierung		
Analyse der Atmosphäre		
Gedichtanalyse (Wahlaufgabe A2.2)		
IV. Fachvokabular		
Interpretationswortschatz		
Fachvokabular: Charakterisierung, Atmosphäre, rhetorische Mittel		
Fachvokabular: Gedichtanalyse (Aufgabe A2.2)		

Notizen

Aufgabenstellung

A1.1 **Compare** Hassan and the narrator considering their relationship.

Tipp: Worauf kommt es an?

Die Aufgabe ist dem Anforderungsbereich I (s. S. 14) zuzuordnen. Die Bearbeitung soll zeigen, dass das Verhältnis Hassans mit dem Erzähler verstanden worden ist.
Die Bearbeitung der Aufgabe ist Grundlage für die Bearbeitung der weiteren Aufgaben, sollte jedoch kurz gehalten werden.

Erwartungshorizont

Es soll herausgearbeitet werden, dass Hassan und der Erzähler trotz ungleicher sozialer Herkunft als gute Freunde ihre Kindheit in Kabul verbracht haben. Der Erzähler war jedoch der Dominantere der beiden, der Hassan zu teilweise bösen Streichen anstiftete. Der loyale Hassan verriet seinen Freund niemals.
Heute (2001) lebt der Erzähler in San Francisco. Der Kontakt zwischen den alten Freunden ist anscheinend abgebrochen. Durch einen Anruf eines alten Freundes und einen anschließenden Spaziergang wird der Erzähler an Hassan erinnert.

Stichpunktlösung

Hassan
- The servant's (Ali's) son,
- loyal to his friend (the narrator),
- does what his friend tells him even if he thinks it is wrong,
- never tells on his friend when they are caught by Ali, his gentle father.

Narrator
- Son of a rich businessman (Baba), for whom Ali works,
- loves to play tricks on other people,
- has mischievous ideas ("firing walnuts with his slingshot at the neighbor's one-eyed German shepherd"),
- a coward, he persuades Hassan to carry out his ideas.

Relationship
Childhood
- Best friends in Kabul although they have different social backgrounds,
- narrator is the dominant one,
- Hassan is absolutely loyal to his friend - does him all possible favours - never betrays him.

2001
- They seem to have lost contact,
- narrator lives in San Francisco now, which he calls home,
- narrator is reminded of Hassan because of a phone call from Pakistan followed by spotting kites in the park.

Erstellen Sie nun eine ausführliche Lösung (Stichpunktlösung zum Vergleich).

Notizen

Aufgabenstellung

A1.2 Describe the atmosphere conveyed in the text and analyse how it is created.

Tipp: Worauf kommt es an?

Diese Aufgabe ist den Anforderungsbereichen I und II (s. S. 14 und 16) zuzuordnen. Nach einer Beschreibung der Atmosphäre soll analysiert werden, wie diese geschaffen wurde.

Erwartungshorizont

Hier soll die Atmosphäre beschrieben und analysiert werden. Es gilt herauszuarbeiten, wie der Autor durch Beschreibungen des Schauplatzes, der Personen und der Handlung und auch durch sprachliche Mittel eine emotionsgefüllte Stimmung herstellt und den Leser so zum Weiterlesen veranlasst. Die Beherrschung eines sicheren Interpretationswortschatzes ist Voraussetzung für eine überzeugende Analyse.

Arbeitsschritte

Was muss ich tun?	Alles klar
Aufgabenstellung verstehen; Operatoren prüfen	
erneut lesen; Text hinsichtlich inhaltlicher Schlüsselwörter untersuchen und wichtige Textstellen markieren Leitfrage: ■ Welche Stimmung herrscht vor? Ist sie immer gleich?	
Text hinsichtlich der Atmosphäre *(setting, characters, action* und *use of language)* untersuchen und wichtige Textstellen markieren Leitfragen: ■ Wo und wann spielt die Szene und wie wird der Ort dargestellt? ■ Wer sind die handelnden Personen und wie werden sie dargestellt? ■ Was passiert und wie wird es dargestellt? ■ Wie benutzt der Autor Sprache, um eine bestimmte Atmosphäre zu schaffen? (Metaphern, Vergleiche, Wortwahl ...) ■ Gibt es weitere Auffälligkeiten?	
Struktur für den zu schreibenden Text aufbauen	
Text schreiben	
abschließende Fehlerkorrektur	

Stichpunktlösung

Atmosphere full of emotions and memories is created – first chapter starts with melancholy atmosphere

- Setting/language: "winter of 1975" (ll. 2/3), "behind a crumbling mud wall" (l. 3), "peeking into the alley near the frozen creek" (ll. 3/4), "deserted alley" (l. 6) – words with negative connotations,

Notizen

- characters: first-person narrator - reader believes in story - seems authentic - narrator talks about "past of unatoned sins" (l. 10) - reader becomes curious: What happened in past? "Rahim Khan" mentioned (l. 8); reader becomes curious: Who is this?

Atmosphere changes when narrator goes for a walk near Golden Gate Park

- Setting/language: "sun sparkled on the water" (l. 12), "dozens of miniature boats sailed, propelled by a crisp breeze" (ll. 12/13), "kites, red with long blue tails, soaring in the sky" (ll. 13/14), "they danced" (l. 14), "trees" (l. 14), "windmills" (l. 15), "floating side by side" (l. 15), "home" (l. 16) - words with positive, happy connotations,
- happy and idyllic atmosphere full of tranquility makes narrator remember Hassan who is called "the harelipped kite runner" (l. 17) - Hassan must have played with kites.

Atmosphere changes again when he remembers Hassan

- Setting: "a park bench near a willow tree" (l. 18); lonely, next to a sad looking tree
- "There is a way to be good again" (l. 19); the reader becomes curious: What happened in the past?
- Language: repetition: "I thought about Hassan. Thought about Baba. Ali. Kabul. I thought about the life I lived until the winter of 1975 came along and changed everything. And made me what I am today" (ll. 20 - 22); reader becomes curious: What happened that winter?

Atmosphere changes again with the flashback describing narrator's happy childhood

- Setting: tree in driveway of father's house in Kabul - detailed description makes reader imagine situation,
- characters:
  Hassan: presented as loyal friend who played tricks on people and animals even if he thinks they are wrong. Beautiful outward appearance ("his almost perfectly round face" (l. 29), "like a Chinese doll chiseled from hardwood" (ll. 29/30) - simile; "like bamboo leaves" (l. 30) - simile; "eyes that looked [...] gold, green, even sapphire" (ll. 30/31); only the "cleft lip" (l. 33) diminishes his perfect appearance; Hassan presented in very positive way,
  Narrator: dominant one of the friends who thinks up mischievous tricks but is sometimes too cowardly to carry them out,
  Ali: reader gets to know that Ali is Hassan's father, presented as "gentle" (l. 40).

Atmosphere changes again when narrator remembers his father and his home

- Setting: Baba's beautiful house; detailed description (ll. 47 - 53); reader feels as if he is with the narrator in the house,
- characters:
  Baba: it becomes clear now that Baba is the narrator's father; never has time for his son ("He'd close the door, leave me to wonder why it was always grown-ups' time with him" (ll. 61 / 62); no close relationship between father and son,
  Narrator: feels lonely and excluded; house is beautiful and family wealthy, but narrator does not seem to spend happy childhood with his father in this house but with his poorer friend Hassan, playing close to Ali's house,
- when narrator remembers his childhood with his best friend Hassan, author always creates a happy, idyllic atmosphere,
- something terrible must have happened in the winter of 1975,

Notizen

- atmosphere changes whenever narrator remembers this time,
- author creates melancholy atmosphere and raises question of what might have happened.

Erstellen Sie nun eine ausführliche Lösung (Stichpunktlösung zum Vergleich).

Aufgabenstellung

A1.3 **Examine** the usage of the phrases "peeking into the alley" (ll. 3/4) and "peeking into that deserted alley" (l. 6).

Tipp: Worauf kommt es an?

Diese Aufgabe ist dem Anforderungsbereich II (s. S. 16) zuzuordnen. Die Bedeutung der beiden scheinbar gleichen Sätze soll untersucht werden.

Erwartungshorizont

Es soll erkannt und erklärt werden, dass bei der ersten Aussage die wörtliche Bedeutung maßgebend ist und bei der zweiten Aussage der bildliche Sinn.

Stichpunktlösung

- (ll. 3/4): literal meaning; narrator describes how he looked into the alley near the frozen creek in Kabul in the winter of 1975,
- (l. 6): figurative sense; narrator remembers the alley and realises that this special day in the winter of 1975 had dramatic influence on his life; alley is "deserted" now; reader wants to find out why it has been deserted for the last twenty-six years.

Erstellen Sie nun eine ausführliche Lösung (Stichpunktlösung zum Vergleich).

Aufgabenstellung

A2.1 "[...] but it's wrong what they say about the past, I've learned, about how you can bury it. Because the past claws its way out." (ll. 4 - 6)
Write an essay proving the impact that events in the history of the United Kingdom and/or the USA have on these societies today.

Tipp: Worauf kommt es an?

Diese Aufgabe ist dem Anforderungsbereich III (s. S. 20) zuzuordnen. Es soll kommentiert werden, welchen Einfluss Ereignisse in der Vergangenheit des Vereinigten Königreiches und/oder der USA auf die Gesellschaft heutzutage haben.

Erwartungshorizont

Es soll erkannt werden, dass Ereignisse der Geschichte eines Landes Einfluss auf die Gesellschaft heutzutage haben. Durch Vorkommnisse in der Vergangenheit wurden noch heute gültige Ansichten und Werte geprägt.

Notizen

Stichpunktlösung

There are a lot of events in history which have an impact on societies today.

UK:

Invaders and settlers

- Romans: language,
- Angles and Saxons: language,
- 1066: William the Conqueror: language; strong nation.

Monarchy, Parliament and Religion

- Magna Carta (1215): Parliament (House of Lords and House of Commons); limitation of king's power,
- Henry VIII: Church of England with king as head,
- James VI of Scotland became James I of England: unity of kingdom,
- Bill of Rights: only Protestant could become king; constitutional monarchy,
- Reform Act 1832; right to vote.

World Power

- British Empire – colonies:
  - immigrants from these countries today,
  - raw materials,
  - slavery,
  - Commonwealth – trade,
- Industrial Revolution: developing industry,
- World War II: change in foreign policy; military bases in Germany (radio stations such as BFBS),
- Founding the EU – economy.

USA

- Pilgrim Fathers: values; many different religious communities,
- Declaration of Independence (1776) – rights and values: equality, liberty and the pursuit of happiness,
- Constitution (Founding Fathers 1787): separation of power; checks and balances,
- Gold Rush:
  - opening up the West,
  - persecution of Native Americans,
- Civil War: end of slavery (but still discrimination against African Americans),
- "American Dream": immigrants (still today),
- Pearl Harbor: first attack on USA still in heads (cf. 9/11),
- Civil Rights Movement:
  - end of segregation (Affirmative Action),
  - (Martin Luther King) right to vote: Martin Luther King's birthday: official holiday in many states,
- Cold War: arms race (man on the moon, atomic bombs); NATO,
- Vietnam War: strong desire to avoid another war like that; US foreign policy,
- 9/11: safety of world (e. g. security checks etc.):
  - change in policies of many countries,
  - war in Afghanistan,
  - Iraq War.

Erstellen Sie nun eine ausführliche Lösung (Stichpunktlösung zum Vergleich).

Notizen

Aufgabenstellung

A2.2 **Interpret** the poem, evaluating the assertion that the traditional family is a thing of the past.

Tipp: Worauf kommt es an?

Diese Aufgabe ist dem Anforderungsbereich II und III (s. S. 16 und 20) zuzuordnen. Das Gedicht soll zunächst interpretiert werden. Anschließend soll die Behauptung, dass eine traditionelle Familie heutzutage nicht mehr anzutreffen ist, diskutiert werden.

Erwartungshorizont

Aufgabe ist die Analyse des Gedichts zum Thema Familie. Sowohl der Inhalt als auch sprachliche Mittel müssen untersucht werden. Anschließend soll die Aussage diskutiert werden, dass eine traditionelle Familie heutzutage nicht mehr anzutreffen ist.

Stichpunktlösung

- Poem about one parent family; role of mother not the traditional one
- Form:
  - 4 stanzas, 8 lines each,
  - rhyme scheme: not traditional, only fourth and last line of each stanza rhyme: emphasizes message of poem; different from traditional family; sometimes hard but harmony possible in the end,
  - run-on lines: no break – hard work for mother; no monotony,
  - direct speech in last stanza: authentic; different opinions become clear,
  - language: modern and easy to understand – modern family.
- Content:
  - first stanza: mother does not know much about work of a traditional housewife; enumeration of typical female tasks,
  - second stanza: mother takes over traditional role of the father/husband; enumeration of jobs typically associated with men,
  - third stanza: keeps her role as typical mother as well,
  - fourth stanza: clichés exist; time to get rid of prejudice; emphasized by exclamation of speaker in last line; absolute sympathy for mother.
- Message:
  - families change,
  - traditional nuclear family is not the only (or only right) one anymore.
- Traditional families are nuclear families with father (as breadwinner), mother (housewife) and children.
- These families still exist, but there are new forms today:
  - mothers work very often,
  - fathers take paternity leave,
  - one parent families,
  - patchwork families,
  - homosexual families,
- these all can be happy or unhappy.

Erstellen Sie nun eine ausführliche Lösung (Stichpunktlösung zum Vergleich).

Notizen

Aufgabenstellung

A2.3 'Go on, now, he'd say. This is grown-ups' time. [...]'" (l. 60)
Discuss if children should be spared from the evils in this world.

Tipp: Worauf kommt es an?

Diese Aufgabe ist dem Anforderungsbereich III (s. S. 20) zuzuordnen. Hier soll diskutiert werden, ob Kinder von den Übeln dieser Welt verschont werden sollten.

Erwartungshorizont

Die Aussage, dass Kinder nicht mit den Übeln dieser Welt konfrontiert werden sollten, ist zu diskutieren. Hier wird eine Argumentation erwartet, die auf verschiedene Bereiche des Themas eingeht. Massenmedien sowie das Thema Erziehung sollten hier genannt werden.

Stichpunktlösung

- Topic: children should be spared the evils in the world
- Arguments
  Pros
  - Young children cannot deal with violence on TV, in computer games etc.,
  - children learn early enough how cruel the world is anyway.

  Cons
  - Not possible to hide all evil – even news programmes present it,
  - children have to learn how to deal with it,
  - too much protection can backfire – their world collapses.
- Conclusion
  - Answer must take account of age, social background, influence of media etc.,
  - importance of age-appropriate TV programmes,
  - parents and teachers should instruct in use of computer/internet,
  - parents have to help children to understand what happens and why,
  - only in that way will they be able to cope with evil in the world.

Erstellen Sie nun eine ausführliche Lösung (Stichpunktlösung zum Vergleich).

Hinweis:
Der Aufgabenteil B (Translation) wird in diesem Lösungsvorschlag nicht behandelt.

Notizen

Trainingsaufgabe 2
Interpretation und Analyse – Sachtext

Aufgabentyp	Interpretation und Analyse
Material	Dave Barry: "Survival of mankind rides on the successful pickup line". In: *Miami Herald,* 26. September 1999
Thema	Gender roles
Niveau	Leistungskurs, Bearbeitungszeit 240 Minuten
Bewertungseinheiten	Keine Angabe

Aufgabenstellung

Comprehension

1. Summarize what Barry has to say about the situation of males.

Analysis

2. Analyse how Barry manages to amuse both – male and female – readers of his column.

Comment

3. Discuss whether Barry's views still match today's perception of gender roles.

Material

Survival of mankind rides on the successful pickup line

by Dave Barry

So I was at this party, and I wound up at a table where three attractive single women were complaining about – Surprise! – men. Specifically, they were complaining about the pickup lines that had been used on them in a bar a few nights earlier. One woman said: "This guy comes up to me and says, 'Are you a teacher?' I mean, is that supposed to be romantic?' All three women rolled all six of their eyes. Another one of them said: "This guy says to me, 'I've been looking at you all night!' So I go, 'Hel-LO, we just GOT here.'" At this point all three women – and I want to stress that these are intelligent, nice women – were laughing. Not me. I was feeling bad for the guys.

I realize that there are certain hardships that only females must endure, such as childbirth, waiting in lines for public-restroom stalls, and a crippling, psychotic obsession with shoe color. Also, females tend to reach emotional maturity very quickly, so that by age 7 they are no longer capable of seeing the humor in loud inadvertent public blasts of flatulence, whereas males can continue to derive vast enjoyment from this well into their 80s. So I grant that it is not easy being a female. But I contend that nature has given males the heaviest burden of all: the burden of always having to Make the First Move, and thereby risk getting Shot Down. I don't know WHY males get stuck with this burden, but it's true throughout the animal kingdom. If you watch the nature shows on the Discovery Channel, you'll note that whatever species they are talking about – birds, crabs, spiders, clams – it is ALWAYS the male who has to take the initiative. It's always the male bird who does the courting dance, making a total moron of himself, while the female bird just stands there, looking aloof, thinking about what she's going to tell her

Notizen

girlfriends. ("And then he hopped around on one foot! Like I'm supposed to be impressed by THAT!"). [...]

Every now and then you'll see an offbeat TV news story about some animal, usually a moose, that has for some reason fallen in love with, and decided to relentlessly court, something totally inappropriate, such as a lawn tractor. This animal is ALWAYS a male. On the TV, they show it hanging around the lawn tractor with a big, sad, moony look, totally smitten, while the lawn tractor cruelly ignores it.

My point here is that, in matters of the heart, males have the brains of a walnut. No, wait! That is not my point. My point is that perhaps you women could cut us males a little bit of slack in the move-making process, because we are under a lot of stress. I vividly remember when I was in 10th grade, and I wanted to call a girl named Patty and ask her to a dance, and before I picked up the phone, I spent maybe 28 hours rehearsing exactly what I was going to say. So when I actually made the call, I was pretty smooth. "Hello, Dance?" I said. "This is Patty. Do you want to go to the Dave with me?" Fortunately Patty grasped the basic thrust of my gist and agreed to go to the dance. This was a good thing, because if she had shot me down, I would have been so humiliated that I would have never have been able to go back to school. I would have dropped out of 10th grade and lied about my age and joined the U.S. armed forces, and as a direct result the Russians would have won the Cold War. That is the awesome power that you women have over us men. I hope you understand this, and the next time a guy walks up and uses some incredibly lame, boneheaded line on you, I hope that, instead of laughing at him, you will remember that he is under the intense pressure of wanting to impress you enough so that you might want to get to know him better and maybe eventually, perhaps within the next 15 minutes, mate with him, thereby enabling the survival of the human race, which believe me is the only thing that we males are truly concerned about.

In conclusion, let me just say to all females everywhere, on behalf of all males everywhere, that you are very beautiful and your eyes are like two shining stars, unless you're a female fly, in which case your eyes are more like 2,038 shining stars. So please give us a chance. And if you're not interested, could you introduce us to your lawn tractor?

791 words

http://freerepublic.com/focus/news/1342224/posts (originally published on Sept. 26, 1999)

Annotations

Lines

Headline pickup line *sentence used by men to establish contact with women*

10 **public-restroom stalls** *public toilets*

12 **inadvertent** *unintended*

13 **flatulence** *discomfort caused by too much gas in one's stomach or bowels*

21 **aloof** *uninterested*

30/31 **to cut so. a little bit of slack** *dt.: jmdm. ein wenig entgegenkommen*

36 **... grasped the basic thrust of my gist** *(deliberate confusion of word order – more correct: ... grasped the basic gist of my thrust) i. e. basically understood what I meant*

38 **would have never have been able to** *deliberate confusion of grammar*

Hilfsmittel

Einsprachiges Wörterbuch

Notizen

Lösungsvorschlag 2
So knacke ich die Aufgabe

Checkliste zur Selbsteinschätzung

Darüber sollten Sie Bescheid wissen:	Alles klar	Noch einmal nachlesen
I. Methodisches Wissen		eigene Notizen aus dem Unterricht; Klausurvor-/-nachbereitung
Herausarbeiten von zentralen Aussagen		
relevante Teile eines Textes in eigenen Worten wiedergeben		
den Kontext eines Textes bestimmen und beschreiben		
Gliederung und Strukturierung der Argumentation des eigenen Textes		
sicherer Umgang mit Analysetechniken		eigene Notizen; Korrektur von Klausuren
korrektes Belegen und Zitieren		
II. Inhaltliches Wissen		
zwischenmenschliche Beziehungen		Stichwort für Recherche: „interpersonal relationship“
Rollenerwartungen an Frauen und Männer		„gender roles“, „roles of men and women“
gesellschaftliche und individuelle Moralvorstellungen		„social and personal morality“
III. Literaturwissenschaftliches Wissen		
Texttypen und Textformen		eigene Notizen aus dem Unterricht
Leserlenkung		
sprachliche Stilebenen		
Fachvokabular zur Textanalyse		

Notizen

Aufgabenstellung

1. **Summarize** what Barry has to say about the situation of males.

Tipp: Worauf kommt es an?

Die Aufgabe ist dem Anforderungsbereich I (s. S. 14) zuzuordnen. Die Bearbeitung erfordert die Formulierung der zentralen Aussagen des Textes.

Erwartungshorizont

Es gilt, die Aussagen des Autors über die Situation der Männer zusammenzufassen. Dabei soll auf die Problematik der Geschlechterverhältnisse bei der Partnersuche eingegangen werden.

Stichpunktlösung

- Dave Barry's claim: males in more difficult situation than women - always expected to make first move,
- males generally not able to engage in conversation without appearing ridiculous,
- Barry's proof: humorous examples from television and own adolescence,
- conclusion: males, although expected to take initiative, unable to communicate with women properly.

Erstellen Sie nun eine ausführliche Lösung (Stichpunktlösung zum Vergleich).

Aufgabenstellung

2. **Analyse** how Barry manages to amuse both - male and female - readers of his column.

Tipp: Worauf kommt es an?

Diese Aufgabe ist dem Anforderungsbereich II (s. S. 16) zuzuordnen. Gefordert ist, den Text mithilfe textanalytischer Methoden zu bearbeiten.

Erwartungshorizont

Die Aufgabenstellung erfordert eine Analyse des Textes. Es gilt, herauszuarbeiten, wie der Autor sowohl seine weiblichen als auch seine männlichen Leser amüsiert.

Notizen

Arbeitsschritte

Was muss ich tun?	Alles klar
Aufgabenstellung verstehen; Operatoren prüfen	
erneut lesen; wichtige Textstellen markieren Leitfragen: ■ Wie werden die verschiedenen Geschlechter beschrieben? ■ Wie werden die verschiedenen Geschlechter als Leser angesprochen?	
Beschreibungen in einer Stichpunktliste zusammenstellen (s. unten); humoristische Passagen herausarbeiten mit Verweis auf die Zeilen; Fragestellungen/Kommentare formulieren zu ■ Was wird gesagt? ■ Wie wird es gesagt? ■ Ist die Passage amüsant für Frauen oder Männer? Warum?	
Text vorstrukturieren und anschließend schreiben	
abschließende Fehlerkorrektur	

Notizen

Stichpunktlösung

- Use of irony, also in title ("Survival of mankind ..."),
- main intention: call for women to be more receptive to male courtship, as seen from male point of view,
- males subject to ironic treatment throughout text: moose as personification (ll. 24 - 28); author's memories of own youth (Patty incident, ll. 31 - 35),
- use of gentle irony: takes edge off claim that women give men hard time; general strategy is to avoid alienating female readership,
- similar technique used with male readership:
  - harsh criticism: "brains of a walnut" (l. 29); "lame, boneheaded [pickup] line[s]" (l. 42); "public blasts of flatulence" (ll. 13/14),
  - balanced by making women target of sarcasm: "certain hardships that only females must endure, such as childbirth, waiting in lines for public-restroom stalls, and a crippling, psychotic obsession with shoe color" (ll. 9 - 11); ironic tone: "the awesome power that you women have over us men" (ll. 40/41).
- To sum up
  - Men ridiculed, but women ridiculed in return,
  - article is critical statement on gender relations: men and women cannot communicate well when it comes to courtship,
  - hard edges of text softened and critical remarks on gender relations toned down by irony,
  - writer avoids alienating both male and female readership.

Erstellen Sie nun eine ausführliche Lösung (Stichpunktlösung zum Vergleich).

Aufgabenstellung

3. **Discuss** whether Barry's views still match today's perception of gender roles.

Tipp: Worauf kommt es an?

Die Arbeit an dieser Teilaufgabe erfordert eine Auswertung und Bewertung des Erarbeiteten in einer persönlichen Stellungnahme und ist daher dem Anforderungsbereich III (s. S. 20) zuzuordnen.

Erwartungshorizont

Diese Aufgabenstellung verlangt einen Kommentar zum Ausgangstext, welcher an der Fragestellung orientiert sein muss.

Stichpunktlösung

- Barry tries to break with traditional perception of gender roles:
  - does away with assumption that male is dominant pole who is in control in his relationships with females,
  - in his description males are made fun of,
  - males described as constantly making fools of themselves.
- Women described as those who are actually empowered - they can
  - criticise men,
  - laugh about male attempts to flirt, which often turn out to be rather pitiable efforts.
- More fundamental perception of gender roles not questioned by author:
  - "burden of always having to Make the First Move" (ll. 15/16) described as main problem of gender relations,
  - author does not reject old-fashioned concept (it must be the male who "picks up" the woman), but asks female readers to give males a break and be more understanding.
- Although traditional gender roles are obviously ridiculed in his text, Barry falls back on stereotypes:
  - it is still the man who has to deliver the pickup line,
  - assumption that "survival of mankind", as author calls it, is possible without chatting up women never questioned in the text.

Erstellen Sie nun eine ausführliche Lösung (Stichpunktlösung zum Vergleich).

Notizen

Trainingsaufgabe 3
Interpretation und Analyse – Kurzgeschichte

Aufgabentyp	Interpretation und Analyse
Material	Hanif Kureishi: "My Son the Fanatic" (Auszug). In: *Love in a Blue Time,* London 1997
Thema	Multiculturalism in the UK
Niveau	Leistungskurs, Bearbeitungszeit 285 Minuten
Bewertungseinheiten	60 Punkte

Aufgabenstellung

1. Outline Parvez['s] and Ali's conflict and their respective positions.

2. Analyse the roles of Parvez and Ali in the development of their conflict as well as the narrative technique/perspective used to influence the reader's perception of the two characters and their positions in this clash of cultures.

3. You have a choice here. Choose one of the following tasks:

3.1 At the end of this extract from the short story Parvez states: "But I love England. [...] They let you do almost anything here." Take this statement as the starting point for a comment on conflicting positions in the current debate on a clash of cultures.

3.2 Imagine that Ali and Jesminder Bhamra (from the film *Bend it like Beckham*) are interviewed by a journalist from a British quality paper about their views on living in multicultural Britain. Write the interview, making their diverging positions on life in Western society become apparent.

Material

Extract from Hanif Kureishi's "My Son the Fanatic"

Kureishi's short story is set in East London. Parvez, a 40-year-old Pakistani taxi driver, has been living in England for almost 20 years. He has taken a night off to take his son, Ali, out for a meal. In the extract he is telling Bettina, his friend and soulmate, about that evening ...

This time Parvez was trembling. Bettina put her arms around him.
'What's happened?'
'I've just had the worst experience of my life.'
As Bettina rubbed his head Parvez told her that the previous evening he and Ali had gone to a restaurant. As they studied the menu, the waiter, whom Parvez knew, brought him his usual whisky and water. Parvez had been so nervous he had even prepared a question. He was going to ask Ali if he was worried about his imminent exams. But first, wanting to relax, he loosened his tie, crunched a popadom and took a long drink. Before Parvez could speak, Ali made a face.
'Don't you know it's wrong to drink alcohol?' he said.
'He spoke to me very harshly,' Parvez told Bettina. 'I was about to castigate the boy for being insolent but managed to control myself.'

Notizen

He had explained patiently to Ali that for years he had worked more than ten hours a day, that he had few enjoyments or hobbies and never went on holiday. Surely it wasn't a crime to have a drink when he wanted one?

'But it is forbidden,' the boy said.

Parvez shrugged, 'I know.'

'And so is gambling, isn't it?'

'Yes. But surely we are only human?'

Each time Parvez took a drink, the boy winced, or made a fastidious face as an accompaniment. This made Parvez drink more quickly. The waiter, wanting to please his friend, brought another glass of whisky. Parvez knew he was getting drunk, but he couldn't stop himself. Ali had a horrible look on his face, full of disgust and censure. It was as if he hated his father.

Halfway through the meal Parvez suddenly lost his temper and threw a plate on the floor. He had felt like ripping the cloth from the table, but the waiters and other customers were staring at him. Yet he wouldn't stand for his own son telling him the difference between right and wrong. He knew he wasn't a bad man. He had a conscience. There were a few things of which he was ashamed, but on the whole he had lived a decent life.

'When have I had time to be wicked?' he asked Ali.

In a low monotonous voice the boy explained that Parvez had not, in fact, lived a good life. He had broken countless rules of the Koran.

'For instance?' Parvez demanded.

Ali hadn't needed time to think. As if he had been waiting for this moment, he asked his father if he didn't relish pork pies?

'Well ...'

Parvez couldn't deny that he loved crispy bacon smothered with mushrooms and mustard and sandwiched between slices of fried bread. In fact he ate this for breakfast every morning.

Ali then reminded Parvez that he had ordered his own wife to cook pork sausages, saying to her, 'You're not in the village now, this is England. We have to fit in!'

Parvez was so annoyed and perplexed by this attack that he called for more drink.

'The problem is this,' the boy said. He leaned across the table. For the first time that night his eyes were alive. 'You are too implicated in Western civilisation.'

Parvez burped; he thought he was going to choke.

'Implicated!' he said. 'But we live here!'

'The Western materialists hate us,' Ali said. 'Papa, how can you love something which hates you?'

'What is the answer then?' Parvez said miserably. 'According to you.'

Ali addressed his father fluently, as if Parvez were a rowdy crowd that had to be quelled and convinced. The Law of Islam would rule the world; the skin of the infidel would burn off again and again; the Jews and Christers would be routed. The West was a sink of hypocrites, adulterers, homosexuals, drug takers and prostitutes.

As Ali talked, Parvez looked out of the window as if to check that they were still in London.

'My people have taken enough. If the persecution doesn't stop there will be *jihad*. I, and millions of others, will gladly give our lives for the cause.'

'But why, why?' Parvez said.

'For us the reward will be in paradise.'

'Paradise!'

Notizen

Finally, as Parvez's eyes filled with tears, the boy urged him to mend his ways.
'How is that possible?' Parvez asked.
'Pray,' Ali said. 'Pray beside me.'
Parvez called for the bill and ushered his boy out of the restaurant as soon as he was able. He couldn't take any more. Ali sounded as if he'd swallowed someone else's voice.
On the way home the boy sat in the back of the taxi, as if he were a customer.
'What has made you like this?' Parvez asked him, afraid that somehow he was to blame for all this. 'Is there a particular event which has influenced you?'
'Living in this country.'
'But I love England,' Parvez said, watching his boy in the mirror. 'They let you do almost anything here.'
'That is the problem,' he replied.

Notizen

Anmerkungen
popadom: a thin, crisp, spiced bread eaten with curry etc. *(typical Indian food);*
Christer: Christian *(derogatory)*

Hilfsmittel
Einsprachiges Wörterbuch
Zweisprachiges Wörterbuch

Lösungsvorschlag 3
So knacke ich die Aufgabe

Checkliste zur Selbsteinschätzung

Darüber sollten Sie Bescheid wissen:	Alles klar	Noch einmal nachlesen
I. Methodisches Wissen		
Herausarbeiten von zentralen Aussagen		eigene Notizen aus dem Unterricht; Klausur-Vor-/Nachbereitung
relevante Teile eines Textes in eigenen Worten wiedergeben		
den Kontext eines Textes bestimmen und beschreiben		
Gliederung und Strukturierung der Argumentation des eigenen Textes		
sicherer Umgang mit Analysetechniken		
korrektes Belegen und Zitieren		
II. Inhaltliches Wissen		
Post-Kolonialismus und Migration; die Rolle der neuen englischen Literatur		Internetrecherche z. B. bei: Center for Immigration Studies at www.cis.org; www.immigrationinformation.org
indische und pakistanische Gemeinschaften in Großbritannien		Recherche bei Zeitungen, z. B. www.guardian.co.uk; www.economist.com; www.timesonline.co.uk
Probleme der Integration in multikulturellen Gesellschaften		
III. Literaturwissenschaftliches Wissen		
Erzählperspektive		
Charakterisierung		
Möglichkeiten der Rezeptions- bzw. Leserlenkung		
Fachvokabular zur Textanalyse		

Notizen

Aufgabenstellung

1. **Outline** Parvez['s] and Ali's conflict and their respective positions.

Tipp: Worauf kommt es an?

Die Aufgabe ist dem Anforderungsbereich I (s. S. 14) zuzuordnen. Die Bearbeitung erfordert die Darstellung der zentralen Aussagen des Textes anhand der gegebenen Aufgabenstellung. Obwohl die Bearbeitung dieser Aufgabe eine wichtige Grundlage für die Lösung der zweiten Teilaufgabe darstellt, sollte man sich nicht zu lange damit aufhalten. Die Aufgabe macht etwa $\frac{1}{4}$ der inhaltlichen Leistung aus (16 von 60 Punkten = 26,6 %).

Erwartungshorizont

Es gilt, den im Text beschriebenen Vater-Sohn-Konflikt und die jeweiligen Rollen und gegensätzlichen Meinungen der Beteiligten zu beschreiben und zu erörtern. Wesentliche Aspekte sind die Frage der Lebensweise in der westlichen Welt und die gegensätzlichen Haltungen zur Integration.

Stichpunktlösung

The short story "My Son the Fanatic" by Hanif Kureishi describes a conflict between a father and his son.
The father appears to be fully integrated into British society. Conversely, his son Ali shows a strong aversion against the British people and Western society in general.
It becomes clear that Ali not only defends the laws of the Koran, but that he is also a dogmatic fundamentalist, who even goes as far to call for a *jihad* - a holy war - against Western civilisation.

Erstellen Sie nun eine ausführliche Lösung (Stichpunktlösung zum Vergleich).

Aufgabenstellung

2. **Analyse** the roles of Parvez and Ali in the development of their conflict as well as the narrative technique/perspective used to influence the reader's perception of the two characters and their positions in this clash of cultures.

Tipp: Worauf kommt es an?

Diese Aufgabe ist dem Anforderungsbereich II (s. S. 16) zuzuordnen. Gefordert ist, die in Aufgabe 1 geleistete inhaltliche Arbeit mithilfe textanalytischer Methoden zu vertiefen und damit die Aufgabenstellung zu lösen. Aufgabe 2 ist die am höchsten bewertete Teilaufgabe dieser Prüfung (24 Punkte = 40 %), daher sollte man für ihre Bearbeitung die meiste Zeit einplanen.

Erwartungshorizont

Die Aufgabenstellung erfordert eine genaue Analyse des Textes. Anhand des Inhalts und der Entwicklung des Gesprächs zwischen den beiden Charakteren soll die ungewöhnliche Art der Vater-Sohn-Beziehung beschrieben werden. Es gilt, sowohl die Mittel der Charakterisierung als auch die Erzählperspektive zu erörtern. Mithilfe der Ergebnis-

Notizen

se dieser Analyse soll die Leserlenkung im Text beschrieben werden. In allen Zwischenschritten wird die Anwendung von korrektem Fachvokabular erwartet.

Arbeitsschritte

Was muss ich tun?	Alles klar
Aufgabenstellung verstehen; Operatoren prüfen	
erneutes Lesen; Untersuchen des Textes und Markieren von wichtigen Textstellen hinsichtlich Charakterisierung der Protagonisten, des Gesprächsverlaufs und der Mittel zur Leserlenkung Leitfragen: ■ Wie entwickelt sich das Gespräch und welche Positionen nehmen Ali und Parvez ein? ■ Welchen Eindruck hat der Leser von Parvez bzw. Ali? ■ Wie wird dieser Eindruck durch die Erzählperspektive und die narrativen bzw. stilistischen Mittel (z. B. Rhetorik, indirekte/direkte Rede) erzeugt?	
eine Argumentationsstruktur für den zu schreibenden Text aufbauen Leitfragen: ■ Welche Rollen nehmen Parvez und Ali ein und wie wird dies im Text deutlich? ■ Durch welche narrativen Strategien und stilistischen Mittel wird der Eindruck des Lesers erzeugt bzw. verstärkt? ■ Gibt es weitere auffällige narrative und stilistische Elemente im Text und wie ist ihre Wirkung?	
Text schreiben	
abschließende Fehlerkorrektur	

Stichpunktlösung

The excerpt shows a striking reversal of typical family roles. It is the son, and not the father, who demands a return to traditional values. Ali accuses and opposes his father throughout the text. The reader has the impression of a traditionalist "father" talking to a stubborn "son", who has to mend his ways. Parvez plays the submissive part in the discussion and cannot counter his son's accusations. He is unable to cope with his son's behaviour. The text exhibits narrative techniques that help to guide the reader:

- The story is written from the point of view of a third person selective narrator, and the reader is only given insight into Parvez's thoughts by use of indirect interior monologue (e. g. ll. 27 – 30) and internal analysis.
- Ali's character is only described from the outside and reduced to a dogmatic fundamentalist (ll. 20, 23, 44).
- This one-sided description creates a feeling of empathy for the father.
- The introduction (ll. 1 – 5, 12 f.) precedes the actual discussion between Parvez and Ali. Some time has passed, and Parvez has been able to make up his mind about the discussion and Ali's behaviour.
- The text uses alternating segments of direct and indirect speech, in which Ali's

Notizen

statements are reduced to dogmatic and stereotypical slogans (ll. 44 - 54). In contrast, Parvez's thoughts and statements are written in a more elaborate and subdued tone (ll. 9 - 19).

Point of view and stylistic devices emphasise the reversal of roles and guide the reader's empathy, which is obviously on Parvez's side.

Erstellen Sie nun eine ausführliche Lösung (Stichpunktlösung zum Vergleich).

Aufgabenstellung

3.1 At the end of this extract from the short story Parvez states: "But I love England. [...] They let you do almost anything here." Take this statement as the starting point for a **comment** on conflicting positions in the current debate on a clash of cultures.

Tipp: Worauf kommt es an?

Die Arbeit an dieser Teilaufgabe erfordert eine Auswertung und Bewertung des Erarbeiteten in einem übergeordneten Zusammenhang *(comment)* und ist damit Aufgabenbereich III (s. S. 20) zuzuordnen. Diese Aufgabe macht $\frac{1}{3}$ der gesamten inhaltlichen Leistung aus (20 Punkte = 33,3 %). Da der eigene Text vor dem Schreiben genau entworfen und strukturiert sein sollte, gilt es, genug Zeit für diese Schritte einzuplanen.

Erwartungshorizont

Ausgehend vom Textzitat soll hier ein Gedankengang entwickelt werden, in dem gegensätzliche Positionen bzw. Haltungen benannt und beschrieben werden. Es gilt, die verschiedenen Haltungen mithilfe von Beispielen zu beschreiben und zusätzlich kritisch zu bewerten.

Stichpunktlösung

Introduction

- Parvez's remark defines one position/pole in current debate about multiculturalism in UK,
- conflict between Western democracy - individual freedom, personal choice, free market economics, secularism - and religious observance/piety, personal abstinence (l. 16), obedience to moral precepts of the Koran (l. 33).

Development I

- democratic ideal of personal choice/freedom has allowed development of parallel cultures: British population and more integrated/westernised older generation (Parvez: ll. 41 - 43) contrasting with Islam-orientated younger generation (Ali: l. 16, l. 18, l. 36),
- dichotomy: Parvez's wish to integrate into UK society (ll. 45 - 48) against Ali's wish to embrace a strictly Muslim way of life, fight Western moral depravity, get reward in paradise (ll. 52 - 55).

Notizen

Development II
explore concepts of
- multiculturalism (= growth of parallel cultures within same host country - present situation in UK, at least among some discontented young people),
- integration (= acceptance by all of certain "basic precepts" of host society - e. g., in UK, democracy, rule of law, English language - while maintaining own religious and/or cultural identity) - important: first British, then Muslim,
- assimilation (giving up one's own culture entirely and becoming completely assimilated in host culture) - important: only British.

Conclusion
- free choice, but note that two extremes of parallel societies (multiculturalism) and complete assimilation (total surrender of own cultural identity) are extremely difficult to argue and/or justify,
- integrationist approach works well, see France, USA.

Erstellen Sie nun eine ausführliche Lösung (Stichpunktlösung zum Vergleich).

Aufgabenstellung

3.2 Imagine that Ali and Jesminder Bhamra (from the film *Bend it like Beckham*) are interviewed by a journalist from a British quality paper about their views on living in multicultural Britain. **Write** the interview, making their diverging positions on life in Western society become apparent.

Tipp: Worauf kommt es an?

Die Arbeit an dieser Teilaufgabe erfordert eine kreative Weiterentwicklung der Thematik in Form eines selbst geschriebenen Textes *(recreation of text)* und ist damit Aufgabenbereich III (s. S. 20) zuzuordnen. Diese Aufgabe macht $\frac{1}{3}$ der gesamten inhaltlichen Leistung aus (20 Punkte = 33,3 %). Da der eigene freie Text vor dem Schreiben genau entworfen und strukturiert sein sollte, gilt es, genug Zeit für diese Schritte einzuplanen.

Erwartungshorizont

Hier wird erwartet, dass ein Interview geschrieben wird, in dem sich Ali und Jesminder unterschiedlich über das Leben in Großbritannien bzw. einer multikulturellen Gesellschaft äußern. Die gegensätzlichen Positionen im Ausgangstext sollen durch die beiden Interviewpartner repräsentiert werden. Zusätzlich sollten verschiedene, den Charakteren angemessene Diskussionsstrategien Anwendung finden.

Stichpunktlösung

Hinweis: Ein Journalist, der für den Artikel verantwortlich ist, sollte das Interview einleiten und die Gesprächspartner vorstellen. Die sinnvollste Präsentationsform für die jeweilige Position ist ein Dialog, z. B. die Transkription einer Aufnahme des Gesprächs. Jesminder Bhamra wird als professionelle und erfolgreiche Fußballspielerin vorgestellt. Ali ist aus naheliegenden Gründen darüber schockiert, dass dergleichen in der westlichen Gesellschaft toleriert wird.

Notizen

A = Ali
J = Jesminder

A Can't you understand that it's wrong to play football?

J Why?

A It's wrong to expose yourself to males in the way you do ... half-naked!

J Please don't exaggerate. Football's not like swimming, say. Nobody's half-naked. But, anyhow, what exactly is wrong with it?

A It's against the rules of the Koran.

J But we're living in England. The Koran is not the law. Religion plays a very different role in this country. Although my parents are of Indian origin, I feel British and ...

A But you mustn't give up your culture and traditions in favour of Western ones. The Western materialists hate us foreigners!

J But I live here. I don't have the feeling that people hate me. Besides, I feel fully integrated into Western society.

A Western society is a cesspool of sin! It's full of hypocrites, homosexuals, drug takers and prostitutes! It's even possible that women play football. Half-naked!!

J This is ridiculous! Why shouldn't women play football or any other sport? It's healthy and it's fun. Anyway, in my opinion it's a good thing that women have equal rights in this country. It's certainly different from the countries our parents came from.

A You don't understand! Nobody understands this! I had the same discussion with my father. He didn't understand the problem, either. The problem is that this is a society without morals and without any rules and values. You are allowed to do the most disgusting and blasphemous acts! This country tricks you into a sinful life.

J Please calm down, okay? As far as I can see, we won't get anywhere with this discussion because our opinions are so different. Yours are diametrically opposed to mine, in fact. What, in your opinion, is the ideal way of living here in Britain?

A Western society has tried to oppress our beliefs and our traditions long enough. And enough is enough! We have to reintroduce a righteous way of living, based on the Law of Islam. If the constant persecution of our people doesn't stop, there will be *jihad* ...

J All right, that's enough. In my opinion it's impossible to discuss this issue with you. I'm trying to calmly voice my opinion and ask sensible questions, but you're only able to talk in stereotyped slogans. I know that the issues we're talking about are complex and that you might feel insulted and oppressed by the society you are living in. However, I think you're not willing to engage in a fruitful discussion about this topic.

A I am not willing to be treated like that by a woman! How dare you speak to me like that?

Erstellen Sie nun eine ausführliche Lösung (Stichpunktlösung zum Vergleich).

Notizen

Trainingsaufgabe 4
Interpretation und Analyse – Sachtext

Aufgabentyp	Interpretation und Analyse
Material	Bruce Springsteen: "Chords for Change". In: *The New York Times,* 5. August 2004
Thema	America's self-perception and role in the world after 11 September 2001
Niveau	Grundkurs, Bearbeitungszeit 180 Minuten
Bewertungseinheiten	Keine Angabe

Aufgabenstellung

Assignments

Comprehension

1. What do you learn about Bruce Springsteen's role as an artist?
2. How does Springsteen evaluate the consequences of September 11, 2001?

Analysis

3. Analyse the means the author uses to illustrate his views.

Comment

4. Comment on Springsteen's commitment as an artist.

Material

Chords for Change

by Bruce Springsteen

A nation's artists and musicians have a particular place in its social and political life. Over the years I've tried to think long and hard about what it means to be American: about the distinctive identity and position we have in the world, and how that position is best carried. I've tried to write songs that speak to our pride and criticize our failures. These questions are at the heart of this election: who we are, what we stand for, why we fight. Personally, for the last 25 years I have always stayed one step away from partisan politics. Instead, I have been partisan about a set of ideals: economic justice, civil rights, a humane foreign policy, freedom and a decent life for all of our citizens. This year, however, for many of us the stakes have risen too high to sit this election out. Through my work, I've always tried to ask hard questions. Why is it that the wealthiest nation in the world finds it so hard to keep its promise and faith with its weakest citizens? Why do we continue to find it so difficult to see beyond the veil of race? How do we conduct ourselves during difficult times without killing the things we hold dear? Why does the fulfilment of our promise as a people always seem to be just within grasp yet forever out of reach?

I don't think John Kerry and John Edwards have all the answers. I do believe they are sincerely interested in asking the right questions and working their way toward honest solutions. They understand that we need an administration that places a priority on

Notizen

fairness, curiosity, openness, humility, concern for all America's citizens, courage and faith.

People have different notions of these values, and they live them out in different ways. I've tried to sing about some of them in my songs. But I have my own ideas about what they mean, too. That is why I plan to join with many fellow artists, including the Dave Matthews Band, Pearl Jam, R.E.M., the Dixie Chicks, Jurassic 5, James Taylor and Jackson Browne, in touring the country this October. We will be performing under the umbrella of a new group called Vote for Change. Our goal is to change the direction of the government and change the current administration come November.

Like many others, in the aftermath of 9/11, I felt the country's unity. I don't remember anything quite like it. I supported the decision to enter Afghanistan and I hoped that the seriousness of the times would bring forth strength, humility and wisdom in our leaders. Instead, we dived headlong into an unnecessary war in Iraq, offering up the lives of our young men and women under circumstances that are now discredited. We ran record deficits, while simultaneously cutting and squeezing services like after-school programs. We granted tax cuts to the richest 1 percent (corporate bigwigs, well-to-do guitar players), increasing the division of wealth that threatens to destroy our social contract with one another and render mute the promise of "one nation indivisible."

It is through the truthful exercising of the best of human qualities - respect for others, honesty about ourselves, faith in our ideals - that we come to life in God's eyes. It is how our soul, as a nation and as individuals, is revealed. Our American government has strayed too far from American values. It is time to move forward. The country we carry in our hearts is waiting.

581 words

Bruce Springsteen is a writer and performer.

Source
The New York Times, August 5, 2004

Notizen

Annotations
Lines

7 ***partisan*** *strongly supporting a particular political party*

16 ***John Kerry, John Edwards*** *Democratic presidential and vice presidential candidates in the 2004 elections*

36 ***render mute*** *cause sth. to be silent*

36/37 ***"one nation indivisible"*** *phrase taken from the Pledge of Allegiance*

Hilfsmittel
Einsprachiges Wörterbuch

Lösungsvorschlag 4
So knacke ich die Aufgabe

Checkliste zur Selbsteinschätzung

Darüber sollten Sie Bescheid wissen:	Alles klar	Noch einmal nachlesen
I. Methodisches Wissen		
relevante Teile eines Textes in eigenen Worten wiedergeben		
sicherer Umgang mit Analysetechniken		
Erkennen von Redemitteln und deren Analyse		
korrektes Belegen und Zitieren		
Gliederung und Strukturierung der Argumentation des eigenen Textes		
Aufbau einer überzeugenden Stellungnahme		
II. Inhaltliches Wissen		
der 11. September 2001 und seine weltpolitischen Folgen		Internetrecherche, z. B. bei: www.nytimes.com; www.economist.com
amerikanische Werte		www.ouramericanvalues.org
Patriotismus		
das politische System der USA		eigene Notizen; en.wikipedia.org; www.cia.gov
III. Literaturwissenschaftliches Wissen		
Fachvokabular zur Textanalyse		
Fachvokabular zur politischen Rede (Stilmittel)		
thematischer Wortschatz: Sept. 11, American values		

Notizen

Aufgabenstellung

1. What do you learn about Bruce Springsteen's role as an artist?

Tipp: Worauf kommt es an?

Die Aufgabe ist dem Anforderungsbereich I (s. S. 14) zuzuordnen. Hier soll herausgearbeitet werden, wie der Autor seine Rolle als Musiker in der Gesellschaft versteht.
Die Bearbeitung der Aufgabe ist Grundlage für die Bearbeitung der weiteren Aufgaben, sollte jedoch kurz gehalten werden. Die Aufgabe macht ungefähr $\frac{1}{8}$ der inhaltlichen Leistung aus.

Erwartungshorizont

Springsteens Rollenverständnis als Sänger und Künstler soll zusammengefasst werden. Der wesentliche Aspekt ist, dass Springsteen der Meinung ist, er habe als Künstler eine große politische Verantwortung, da er mit seiner Musik viele Menschen erreicht.

Stichpunktlösung

- Artists have political responsibility because their work brings them into contact with a lot of people,
- Springsteen writes critical songs about American pride and mistakes; not a member of a political party, but cherishes American values; economic justice, civil rights, humane foreign policy, freedom, a decent life for all Americans,
- asks critical questions about American ideals,
- has formed new group with fellow artists aiming to change government policy.

Erstellen Sie nun eine ausführliche Lösung (Stichpunktlösung zum Vergleich).

Aufgabenstellung

2. How does Springsteen evaluate the consequences of September 11, 2001?

Tipp: Worauf kommt es an?

Die Aufgabe ist dem Anforderungsbereich I (s. S. 14) zuzuordnen. Hier soll herausgearbeitet werden, wie der Autor die Folgen des 11. September 2001 sieht.
Die Bearbeitung der Aufgabe ist Grundlage für die Bearbeitung der weiteren Aufgaben, sollte jedoch kurz gehalten werden. Die Aufgabe macht ungefähr $\frac{1}{8}$ der inhaltlichen Leistung aus.

Erwartungshorizont

Hier sollte herausgearbeitet werden, dass der 11. September die Amerikaner geeint hat. Springsteen kritisiert jedoch, dass die US-Regierung den Irak-Krieg mit dem 11. September rechtfertigt, und nennt Folgen des Krieges für die USA.

Notizen

Stichpunktlösung

- After 9/11 Americans had sense of unity that they had never felt before,
- author supported invasion of Afghanistan,
- Springsteen considers Iraq war unnecessary; government is putting lives of male and female soldiers at stake,
- economic policy has become more unfair/unjust,
  - social benefits have been reduced,
  - the rich have become even richer due to tax cuts,
  - American philosophy "one nation indivisible" of the Pledge of Allegiance has been ignored,
  - gap between rich and poor is becoming even wider and the unity of the American people ever weaker,
- author is of the opinion that government has forgotten important American values.

Erstellen Sie nun eine ausführliche Lösung (Stichpunktlösung zum Vergleich).

Aufgabenstellung

3. **Analyse** the means the author uses to illustrate his views.

Tipp: Worauf kommt es an?

Diese Aufgabe ist dem Anforderungsbereich II (s. S. 16) zuzuordnen. Die in der ersten und zweiten Aufgabe geleistete inhaltliche Arbeit soll hier mithilfe textanalytischer Methoden vertieft werden.
Aufgabe 3 ist die am höchsten bewertete Teilaufgabe dieser Klausur. Für die Bearbeitung sollte die meiste Zeit eingeplant werden.

Erwartungshorizont

Es wird erwartet, dass sprachliche Redemittel im Hinblick auf ihre Wirkung analysiert werden. Es gilt, Stilmittel - etwa rhetorische Fragen, Aufzählungen und die Verwendung von Personalpronomen - zu nennen und zu analysieren. Die Nennung verschiedener amerikanischer Werte sollte nicht fehlen. Die Beherrschung von Fachwortschatz und einem sicheren Interpretationswortschatz ist Voraussetzung für eine überzeugende Analyse.

Arbeitsschritte

Was muss ich tun?	Alles klar
Aufgabenstellung verstehen; Operatoren prüfen	
erneutes Lesen; Untersuchen des Textes und Markieren von wichtigen Textstellen hinsichtlich rhetorischer Mittel	
eine Argumentationsstruktur für den zu schreibenden Text aufbauen Leitfragen: ■ Welchen Standpunkt vertritt Springsteen und wie vermittelt er diesen?	

Notizen

Was muss ich tun?	Alles klar
■ Wie versucht Springsteen seine Leser zu überzeugen? ■ Gibt es weitere Auffälligkeiten im Text?	
Text schreiben	
abschließende Fehlerkorrektur	

Notizen

Stichpunktlösung

- Springsteen uses a very personal style of language,
- personal pronoun "I": he is talking about his own role,
- personal pronouns "we" (ll. 12 - 14) and "us" (l. 9): he emphasises his role as part of the nation and addresses reader directly,
- rhetorical questions (ll. 10 - 15) make reader think,
- contrast "I don't think" (l. 16) and "I do believe" (l. 16): highlights author's point of view,
- enumeration of positive nouns ("economic justice", "civil rights", "a humane foreign policy", "freedom" and "a decent life", ll. 7/8) shows what author stands for and what he expects from his government,
- enumeration of positive nouns with reference to presidential and vice presidential candidates John Kerry and John Edwards ("fairness", "curiosity", "openness", "humility", "concern for all America's citizens", "courage", "faith", ll. 19/20) underlines what Springsteen's preferred candidates stand for,
- use of anaphora/repetition "I have tried to think" (l. 2), "I've tried to write" (l. 4), "I've always tried to ask" (l. 10) and "I've tried to sing" (l. 22) to clearly show his engagement and commitment to the common good,
- Springsteen names other famous artists with same opinion (ll. 23 - 25) to underline fact that he is not alone in his view,
- more plausibly, he mentions some positive effects of 9/11 (l. 28) before going on to enumerate negative consequences (ll. 31 - 36),
- enumeration of qualities such as "respect for others" (l. 38), "honesty about ourselves" (l. 39) and "faith in our ideals" (l. 39) serves to emphasise great importance of these ideals for him,
- author mentions American values throughout the text and concludes that American government has strayed too far from these ideals,
- addresses readers directly when he says "It is time to move forward" (l. 41),
- finishes with emotional last sentence likely to appeal to patriots,
- makes use of emotive figurative language, e.g. "to see beyond the veil of race" (ll. 12), "we dived headlong into an unnecessary war" (l. 31), "the country we carry in our hearts" (l. 42), to catch and hold reader's interest,
- gives his text a circular form by opening with the expression "A nation's artists" (l. 1) and closing with "The country we carry in our hearts" (l. 42),
- title "Chords for Change" reflects Springsteen's role as musician and his aim of changing government policy by singing.

Erstellen Sie nun eine ausführliche Lösung (Stichpunktlösung zum Vergleich).

Aufgabenstellung

4. **Comment** on Springsteen's commitment as an artist.

Tipp: Worauf kommt es an?

Die Aufgabe ist dem Anforderungsbereich III (s. S. 20) zuzuordnen. Ihre Bearbeitung erfordert eine Auswertung und Bewertung des Erarbeiteten in einem größeren Zusammenhang *(comment)*.
Diese Aufgabe macht ca. $\frac{1}{3}$ der gesamten inhaltlichen Leistung aus. Vor dem Schreiben sollte der Text genau entworfen und strukturiert werden, was bei der Zeitplanung bedacht werden muss.

Erwartungshorizont

Es wird erwartet, dass zu Springsteens Selbstverständnis als Künstler Stellung bezogen wird. Springsteens Aussagen zu amerikanischen Werten und seine politischen Ansichten sollten kommentiert werden. Die Stellungnahme muss überzeugend aufgebaut sein. Hierzu ist Hintergrundwissen erforderlich.

Stichpunktlösung

The comment should consist of an introduction, a main part and a conclusion. Stress your own opinion. Your text should refer to the Springsteen text and reflect background knowledge from the course. You can emphasise the following points as you wish: Springsteen's perception of his role as a popular musician; his political involvement without being attached to any political party; the setting up of a new band to encourage more people to vote against George W. Bush's government

- Springsteen's support for the invasion of Afghanistan – opposition to the war in Iraq,
- his accusation that Bush's government has desecrated the ideals summed up in the words "one nation indivisible" from the Pledge of Allegiance.

Arguments which are either adopted from the course or generally known can be emphasised as you wish:

- 2004 Presidential Elections in USA,
- America's ideals find expression in the American Dream; Americans are proud of these ideals and willing to defend them,
- personal involvement can bring about change, e.g. Life Aid concerts focusing on the theme of globalisation, artists participating in a campaign to change the global economic system in favour of the poor,
- other well-known critics of US policy, e.g. Michael Moore with his film *Fahrenheit 9/11*,
- possible criticism aimed at politically involved artists; through their involvement they benefit from increased publicity and income.

Erstellen Sie nun eine ausführliche Lösung (Stichpunktlösung zum Vergleich).

Notizen

Trainingsaufgabe 5
Interpretation und Analyse – Kurzgeschichte

Aufgabentyp	Interpretation und Analyse
Material	Joyce Carol Oates: "Love, Forever". In: W. Martin (ed.): *More Stories We Tell. The Best Contemporary Short Stories by North American Women.* New York 2004
Thema	Emotional influence of the media: TV violence in daily life
Niveau	Leistungskurs, Bearbeitungszeit 270 Minuten
Bewertungseinheiten	100 Punkte

Aufgabenstellung

1. Summarize the text. (20 P)
2. Characterize the protagonist and analyse the implications of the title in reference to the text. (30 P)
3. Compare the heroine in Oates'[s] story to a Shakespearean protagonist of your choice and decide whether Oates'[s] main character is a "tragic heroine". (30 P)
4. The right to possess guns (as guaranteed by the US Constitution) has been a matter of recent discussion. Explore the pros and cons of this issue and express your opinion. (20 P)

Material

Love, Forever

He was crazy about her and certainly behaved that way when they were together, and alone. But he wasn't crazy about her three kids. It isn't anything personal, he said, but I'm not the type, y'know?

She was gazing hurt, eyes brimming with tears deep into his eyes. But said, softly, I know.

Framing his face in her hands like an actress gazing into those blue eyes like sapphires whispering another time, I know, and solemnly she'd kissed his lips and he'd remember it, that kiss: that kiss he could not guess was a pledge.

Oh, I know! – but I love you anyway forever.

The entire day, the sun was hidden behind clouds, one of those gauzy days you feel like screaming but she was calm, she was in control. She's been smiling all day. It wasn't practice, it was her natural self: as, in high school, she'd smiled all the time. She was waiting for a phone call and when it came she had something planned to say she'd memorized, a strange man prowling the woods behind the trailer, she wasn't worried really, but she'd mention it, then talk of something else. Not too much detail – that gave you away. From TV you learned that.

She called him, too: knowing he wouldn't be home. Just to hear his voice on the answering tape – that was enough.

No message.

Notizen

She had the gun ready. A guy had given her it for protection, when she'd moved out here alone with the kids. She knew where to toss it where nobody would find it. She put on old rubber gloves she'd be throwing away, too. She was wearing a warm sweatshirt. It was eleven p.m. and the kids were sleeping, a dark night with no moon and everything quiet back in the woods. She hadn't even had the TV on. Tommy, who was so excitable, naturally had to be first. She went into his room, holding the pistol calmly, she whispered, Sweetie? as she'd planned to wake him so he'd be looking up, and when he opened his eyes she pulled the trigger. Jesus, what a noise! - Her ears ringing.

Tommy died at once, she believed. A bullet point-blank through his chest, thus no suffering. She'd planned that.

Next was Sherri, four years old. Pale blond hair and her mommy's button nose. Sherri slept in Mommy's bedroom where the baby was also, and the noise had been so loud Sherri was out of bed, screaming. Mommy? Mommy? - and she ran inside, trying to stay calm, swallowing, but her voice rising shrill, It's okay, honey! Mommy's here! And she fired at the little girl, it wasn't exactly clear what happened but there was one bullet in the chest yet more screaming, and a second bullet in the chest and still more screaming, and now she was maybe losing it just a little, panting, stooping over the fallen writhing child to press the barrel against the top of the child's head and to squeeze the trigger again.

And the baby. In his crib, in the corner of the room - that wasn't going to be hard! He had wakened of course but hadn't begun yet to cry. It was that kind of baby - a little slow.

At the hospital she ran inside screaming. A man, a man shot my kids! And they came out at once, no wasting time, and saw Tommy in the front seat, and pulled him out to try to save his life, My God there's a baby - one of the orderlies yelled, like he couldn't believe it, and she stood there watching, this little smile on her face, bemused - how they were all running around, not smooth and coordinated the way you'd expect, taking the kids inside to save their lives when, couldn't they tell? - these kids were dead.

Actually, in fact, Tommy was not dead, but dying: he'd die, officially at four a.m. of the next day.

The baby was dead.

It had been a listless baby, conceived not in love but spite.

So much commotion in the emergency unit, everybody gaping, like lights had come on brighter like on TV, and maybe in fact they had, and she was standing there, watching, in her blood-soaked clothes, her new jeans tight, and her Led Zeppelin sweatshirt, and the spike-heeled glamour boots - she was blinking, smiling just faintly, as if all she was doing was watching, calm, and curious to see how it would go, as the medical crew would testify at her trial. Where she should have been - what? Screaming, sobbing? - was that what another mother would do, in this situation? Or was she, you could argue this, in shock?

But, no, she was reported to have called out, Nothing but the best for these kids! And she'd sounded scolding, but sly. Her eyes making the rounds of the waiting room where everybody's eyes were sure on her.

But then, my God, it came to her like a blow: little Sherri was still in the car!

Nobody'd seen Sherri. She must have slipped off the backseat during the wild ride to town, and the goddamn careless medical crew hadn't even noticed. So, she was excited now, she had to yell to get their attention, Hey, my little girl! - don't forget her.

The look on their faces. Almost, you'd have to laugh.

Notizen

It was weird, though, and she'd never understand it - forgetting Sherri like that. Sherri was the one Mommy had always loved best.

(855 words)

Oates, Joyce Carol, Love, Forever, *from: More Stories We Tell. The Best Contemporary Short Stories by North American Women, edited by Wendy Martin, Knopf Publishing Group, New York, 2004, pages 142-145.*

Notizen

Hilfsmittel

An der Schule eingeführtes einsprachiges Wörterbuch

Lösungsvorschlag 5
So knacke ich die Aufgabe

Checkliste zur Selbsteinschätzung

Darüber sollten Sie Bescheid wissen:	Alles klar	Noch einmal nachlesen
I. Methodisches Wissen		
Herausarbeiten von zentralen Aussagen		eigene Notizen; Klausurvor-/-nachbereitung
relevante Teile eines Textes in eigenen Worten wiedergeben		
den Kontext eines Textes bestimmen und beschreiben		
Gliederung und Strukturierung der Argumentation des eigenen Textes		
sicherer Umgang mit Analysetechniken		
korrektes Belegen und Zitieren		
II. Inhaltliches Wissen		
USA – Werte, Menschen- und Bürgerrechte, besonders Recht auf Waffenbesitz (Verfassung der USA) und aktuelle Bezüge (Amokläufe, Diskussion um diesen Artikel)		eigene Notizen; Internetrecherche, z. B. bei: www.americanvalues.org; www.besthistorysites.net; National Rifle Association at www.nra.org; relevante Zeitungsberichte, z. B. www.nytimes.com; www.time.com
USA – historische Entwicklung, besonders Siedler- und Pionierleben		en.wikipedia.org; www.about.com
Ideal und Realität (Gewalt)		
Dramen Shakespeares, tragische Helden		eigene Notizen
Funktion von Bildung und Medien		
III. Literaturwissenschaftliches Wissen		
literarische Charakterisierung		
Vergleich zweier literarischer Figuren		
Funktion des Titels einer Kurzgeschichte		
Fachvokabular zur Textanalyse		

Notizen

Aufgabenstellung

1. **Summarize** the text.

Tipp: Worauf kommt es an?

Die Aufgabe ist dem Anforderungsbereich I (s. S. 14) zuzuordnen. Die Aufgabe erfordert die Formulierung der zentralen Aussagen des Textes unter Beachtung der formalen Bedingungen für eine *summary.* Die Aufgabe stellt zwar die Grundlage für die Bearbeitung aller weiteren Aufgaben dar, geht jedoch nur mit $\frac{1}{5}$ in die inhaltliche Leistung ein, deshalb sollte man sich bei dieser Aufgabe nicht zu lange aufhalten.

Erwartungshorizont

Die Inhaltswiedergabe soll beinhalten, dass eine junge Frau einer neuen Liebe wegen bereit ist, ihre Kinder zu opfern. Sie plant sorgfältig deren Ermordung (Ablauf, Alibi). Nach der Tat fährt sie die Kinder ins Krankenhaus und beobachtet in ihrer neuen Rolle als trauernde Mutter den Einsatz der Rettungskräfte. Sie verliert ihre Fassung, als ihr bewusst wird, dass eines der Kinder, die meistgeliebte Tochter, immer noch im Auto liegt.

Des Weiteren ist die Rolle des Fernsehens als Vorbild für die Handlungsweise der Protagonistin vor, während und nach der Tat zu beschreiben.

Die formalen Bedingungen einer Inhaltswiedergabe müssen beachtet werden: *present tense;* keine Zitate/direkte Rede/Kommentar; sprachliches Anpassen der Verweise auf Ort, Zeit und Personen; Textlänge ist ca. $\frac{1}{4}$ bis $\frac{1}{3}$ des Originals; *umbrella sentence* (Angabe von Ort, Zeit, Autor, Titel, Thema).

Stichpunktlösung

Story deals with the determining force of TV violence:

- young women living in trailer park – told by lover that he loves her but not her children – pledges love in return – plans murder of children with handgun,
- kills all three children, son, daughter and baby – daughter Sherri most difficult because awake,
- takes bodies to hospital – claims stranger from woods has killed them – watches emergency crew fighting for Tommy's life – suddenly remembers Sherri is in car – blames medical crew for being careless,
- Sherri was most-loved child.

Erstellen Sie nun eine ausführliche Lösung (Stichpunktlösung zum Vergleich).

Aufgabenstellung

2. **Characterize** the protagonist and **analyse** the implications of the title in reference to the text.

Notizen

Tipp: Worauf kommt es an?

Diese Aufgabe ist dem Anforderungsbereich II (s. S. 16) zuzuordnen. Hier soll mithilfe von textanalytischen Methoden die in Aufgabe 1 geleistete inhaltliche Arbeit weiter vertieft werden. Die Lösung dieser Aufgabe geht stärker in die Bewertung ein, deshalb sollte man hier auch mehr Zeit einplanen.

Erwartungshorizont

Die Aufgabenstellung erfordert eine genaue Analyse des Textes. Anhand des Gespräches zu Beginn des Textes, der ausführlichen Darstellung der Morde und des Verhaltens nach der Tat soll die junge Frau charakterisiert werden, wobei ihrem vom Fernsehen deutlich beeinflussten Auftreten und Verhalten besondere Beachtung geschenkt werden muss.
Des Weiteren soll der Titel der Geschichte in Hinblick auf deren Inhalt analysiert und erörtert werden. Die korrekte Anwendung von entsprechendem Fachvokabular wird erwartet.

Arbeitsschritte

Was muss ich tun?	Alles klar
Aufgabenstellung verstehen; Operatoren prüfen	
Wichtige Textstellen hinsichtlich der Charakterisierung der Protagonistin und der Bezüge im Text auf den Titel der Geschichte markieren Leitfragen: ■ Welche direkten und indirekten Informationen zur Figur werden dem Leser mitgeteilt? (Aussehen, Verhalten, Wesen, Denkweisen, Einstellungen, Sprache, Beziehung zu anderen Personen) ■ Welchen Eindruck hat der Leser von der Protagonistin? ■ Wie wird dieser Eindruck beim Leser hervorgerufen? ■ Welche Bedeutung(-en) haben die Bestandteile des Titels? ■ An welchen Textstellen/in welchen Situationen lassen sich Bezüge zum Titel der Geschichte *Love, Forever* erkennen? ■ Inwiefern ist der Titel für die Handlung der Geschichte, für die Charakteristik der Protagonistin von Bedeutung?	
eine Argumentationsstruktur aufbauen Leitfragen: ■ Wie und wodurch wird die Protagonistin charakterisiert? ■ Welchen Einfluss hat das Fernsehen/haben die Medien auf das Verhalten der Protagonistin? ■ Welche Bedeutung hat der Titel? Einleitungssatz und Schlussteil entwerfen	
Text schreiben	
abschließende inhaltliche und formale Prüfung und Fehlerkorrektur	

Notizen

Stichpunktlösung

Protagonist:

- young American woman – high school educated – recently divorced or separated – lives with three children in trailer park near woods,
- superficial – always smiling – behaves like person imitating character from TV series – e.g. holds his face in her hands "like an actress" (l. 6),
- looks after herself – wears new jeans, Led Zeppelin sweatshirt, glamour boots,
- started new relationship – lover does not want her children – she decides to murder them – knows how from TV/films – has gun – plans alibi – premeditated murder,
- murders planned and executed in highly dramatic way – alibi phone calls copied from TV (l. 16) – calls lover's answering machine "Just to hear his voice on the answering tape" (ll. 17/18).

Title:

- "Love, Forever" – romantic pledge – "I love you anyway forever" (l. 9) – and beginning of plan to kill children,
- different meanings of "love" and "forever" and role they play in the text – love for lover vs. love for children,
- conflict between lovers would normally lead to breakdown of relationship – love could "anyway" continue forever – kiss could then be seen as parting pledge,
- protagonist takes different interpretation – "forever" means eternally, longer than life – taken literally – conflict between love and life – love as superior value to life – pledge as dream of happy end after children's death – overly romantic view – TV etc. – sees herself as justified in killing children,
- maternal love – children as evidence of love – also to protagonist – Tommy/Sherri/baby as different evidence – protagonist loves baby least – baby "conceived not in love but spite" (l. 51),
- loves Sherri best – same sex – similar features – "Mommy's button nose" (l. 30) – trembles, her voice rising shrill, "she was maybe losing it" (l. 36), when she kills Sherri.

Final sentence:

- – "Sherri was the one Mommy had always loved best" (ll. 68/69) – rounds off story in macabre sense – shows protagonist capable of love.

Erstellen Sie nun eine ausführliche Lösung (Stichpunktlösung zum Vergleich).

Aufgabenstellung

3. **Compare** the heroine in Oates'[s] story to a Shakespearean protagonist of your choice and decide whether Oates'[s] main character is a "tragic heroine".

Tipp: Worauf kommt es an?

Die Teilaufgabe 3 ist dem Anforderungsbereich III (s. S. 20) zuzuordnen. Die Aufgabe erfordert eine Auswertung von erarbeiteten Fakten und einen Vergleich in einem größeren Zusammenhang. Da hier ein eigener freier Text entstehen soll, sollte man für dessen Entwurf und Struktur genügend Zeit einplanen.

Notizen

Erwartungshorizont

Ausgehend von der Analyse der Protagonistin der vorliegenden Geschichte soll ein Vergleich mit einem Helden aus einem Shakespeare-Drama eigener Wahl vorgenommen werden, sodass auf dieser Grundlage entschieden werden soll, ob die Protagonistin eine „tragische Heldin" ist.
Diese Teilaufgabe erfordert, dass erarbeitetes Kurswissen zum Modul Shakespeare (Dramen-/Figurenanalyse, Definitionen *tragic hero, tragic dilemma*) herangezogen und angewendet wird, sodass die Bewertung mit entsprechenden Argumenten unterlegt werden kann.

Stichpunktlösung

Shakespearean protagonists:

- many fit definition of tragic hero – all suffer from clash of reason and emotion,
- Hamlet – ambitious young nobleman – inability to resolve conflict situations leads him to tragic end – noble aim of revenge for father's death – unable to rationalise situation appropriately – kills Polonius by accident – becomes victim of tragic dilemma he has steered himself into because of his character weakness,
- Macbeth – noble person – driven by promise of supernatural powers – wife's ambition that he should become king – follows witches' promise literally – has present king killed to achieve his aim – feels vulnerable as King of Scotland – compelled to get rid of anyone who may suspect him or threaten his crown – when showdown comes, he sees no other solution than his own death – life ends tragically.

Oates's protagonist:

- failed personality – no tragic dilemma like Hamlet – her problem affects many relationships – vital but common choice – she takes easy way out by callously killing children – other available solutions would be more plausible/appropriate – her solution means end of her children, not her own tragic end – she expects happy end,
- similarity with Shakespeare – tragic personality weakness in protagonist – imbalance of reason/emotion leads to her living in unreal world – mental/emotional confusion of values – total conditioning by romantic images,
- actions of Oates' protagonist do not fulfil definition of tragic heroine – but from psychological point of view the tragic weakness within her personality might be seen as doing so.

Erstellen Sie nun eine ausführliche Lösung (Stichpunktlösung zum Vergleich).

Aufgabenstellung

4. The right to possess guns (as guaranteed by the US Constitution) has been a matter of recent discussion. **Explore the pros and cons** of this issue and **express your opinion.**

Tipp: Worauf kommt es an?

Die Teilaufgabe 4 ist dem Anforderungsbereich III (s. S. 20) zuzuordnen. Die Aufgabe erfordert eine Auseinandersetzung mit der grundlegenden Thematik des Textes sowie die eigene Meinungsäußerung. Da hier ein eigener freier Text entstehen soll, sollte man für dessen Entwurf und Struktur genügend Zeit einplanen.

Notizen

Erwartungshorizont

Bei der Lösung dieser Teilaufgabe wird eine Auseinandersetzung mit dem in der Verfassung der USA verbrieften Recht auf Waffenbesitz in Form einer Pro-und-Kontra-Diskussion mit einer fundierten Darlegung des eigenen Standpunktes erwartet.
Dazu ist es notwendig, historische und aktuelle Bezüge zum Thema herzustellen (Aspekte des Pionier- und Siedlerlebens, Amokläufe an amerikanischen Schulen/in privaten Bereichen, Kriminalitätsrate, *National Rifle Association*) und auch auf andere Kursinhalte und Lektüren zurückzugreifen *(violence, human and civil rights, values)*.

Stichpunktlösung

Hinweis: Die Lösung dieser Aufgabe erlaubt verschiedene Strategien. Vergessen Sie jedoch nicht, Ihre Argumente durch geeignete Beispiele aus der amerikanischen Geschichte und der gegenwärtigen Situation der USA zu stützen.

Recent discussion:
right to bear arms - private ownership of guns - guaranteed by American constitution - highly controversial - massacres in US schools and elsewhere - high murder rate (currently over 16,000 per year nationwide).
Arguments for gun ownership:

- long history: right guaranteed in constitution (Bill of Rights, 1789 - pioneers/settlers had to provide own defence in undeveloped country - often beyond the law - hence "basic civil right" seen as basic aspect of American definition of "freedom",
- young country unable to finance professional army - reliance on "privately armed local militias" - War of Independence against Britain, war against Mexico over Texas - Civil War = defending independence, defence of new country, saving the union,
- today, self-defence in cities - high percentage of violent crime,
- political influence of National Rifle Association (NRA) - major source of finance,
- terrorist attacks (bombing in Oklahoma - "9/11") - increased feeling of insecurity and need for self-defence.

Arguments against gun ownership:

- huge number of guns in private ownership - average of three per family - massacres in schools, neighbourhoods, firms, families facilitated partly by ease of buying and possessing guns - gun ownership seen as "natural" and "manly" (see Michael Moore's film *Bowling for Columbine*),
- accidental killing of innocents - children find guns at home - use them as toys,
- killing seen as natural part of life (= devaluation of concept of "value of life") - decline in ethical standards and values - basic human right of life as guaranteed in Declaration of Independence perverted,
- murder regarded as a means of solving one's problems, see text,
- rising violent crime rate in USA - economic and social problems such as unemployment, high immigration, outsourcing of jobs etc. demand new strategies - must go beyond just talk and banning guns (red herring).

Conclusion:

- should include one's own position on the right to possess guns - refer to specific examples.

Erstellen Sie nun eine ausführliche Lösung (Stichpunktlösung zum Vergleich).

Notizen

Trainingsaufgabe 6
Interpretation und Analyse – Drama

Aufgabentyp	Interpretation und Analyse
Material	William Shakespeare: "The Tragedy of Hamlet, Prince of Denmark", I, 2, 129 – 158
Thema	Shakespeare
Niveau	Leistungskurs, Bearbeitungszeit einschließlich Auswahlzeit 285 Minuten
Bewertungseinheiten	60 Punkte

Aufgabenstellung

1. Outline Prince Hamlet's thoughts and position in reaction to his mother's marriage to Claudius. *(Comprehension)*

2. Analyse how Shakespeare uses Hamlet's soliloquy for the purpose of characterisation. In so doing, also consider the use of language (e. g. text structure, syntax, rhetorical devices). *(Analysis)*

3. You have a choice here. Choose one of the following tasks:

3.1 Considering the following quotation, comment on how successfully Shakespeare's tragedies may be turned into films for a modern audience. In your comment refer substantially to both *Macbeth* and the given extract from *Hamlet.*
Certain conventions that are perfectly acceptable on the stage cannot always be reproduced cinematically. Among these is the Shakespearean soliloquy. ... Theatergoers accept, even expect, such artificiality. Generally, however, viewers of movies have been programmed to think of film as a more realistic medium. (Joseph M. Boggs/Dennis W. Petrie, The Art of Watching Films, 2000, pp. 394 – 5)
(Evaluation: comment)

3.2 Imagine you are a screenwriter and director who wants to convince a producer of your plan to make a modern screen adaptation of *Hamlet*. Write an outline in which you briefly present your general concept (e. g. style, setting, language, music, cast) and explain in detail your ideas for a visually and acoustically powerful, modern film version of Hamlet's soliloquy, paying particular attention to characterisation. To make your ideas clear, refer to a film or stage production of *Macbeth*.
(Evaluation: re-creation of text)

Material

William Shakespeare, Hamlet – extract (Act One, Sc. 2, 129 – 158)

Prince Hamlet of Denmark is a 30-year-old student at Wittenberg University in Germany. He has returned home to Elsinore Castle in Denmark, because his father, the King, has died. Claudius, the late king's brother, is the new king.
In the Great Hall of Elsinore Castle Hamlet learns that his mother, the Queen, and Claudius have married. When they have left him alone in the Great Hall, Hamlet reflects on his mother's marriage to Claudius in a soliloquy:

Notizen

HAMLET:
O, that this too too solid flesh would melt,
Thaw, and resolve itself into a dew,
Or that the Everlasting had not fixed
His canon 'gainst self-slaughter! O God, O God,
How weary, stale, flat, and unprofitable,
Seem to me all the uses of this world!
Fie on't, ah fie, fie! 'Tis an unweeded garden,
That grows to seed; things rank and gross in nature
Possess it merely. That it should come to this -
But two months dead - nay, not so much, not two -
So excellent a king, that was to this
Hyperion to a satyr, so loving to my mother
That he might not beteem the winds of heaven
Visit her face too roughly! Heaven and earth,
Must I remember? Why, she would hang on him
As if increase of appetite had grown
By what it fed on, and yet within a month -
Let me not think on't; frailty, thy name is woman -
A little month, or ere those shoes were old
With which she followed my poor father's body,
Like Niobe, all tears, why she, even she -
O God, a beast that wants discourse of reason
Would have mourned longer! - married with mine uncle,
My father's brother, but no more like my father
Than I to Hercules; within a month,
Ere yet the salt of most unrighteous tears
Had left the flushing of her gallèd eyes,
She married. O most wicked speed, to post
With such dexterity to incestuous sheets!
It is not, nor it cannot come to good.

Notizen

Anmerkungen

(1) this: *(here)* = my; **(3) the Everlasting:** God; **(4) canon:** religious law; **(6) all the uses:** the whole business; **(7) fie:** *interjection expressing disgust;* **(9) merely:** entirely; **(11–12) to:** compared to; **this:** *i.e. Claudius;* **(12) Hyperion:** *glorious sun-god (Greek mythology);* **(13) to beteem:** permit; **(15) would hang:** used to hang; **(21) Niobe:** *Queen of Thebes (Greek mythology), who exuberantly wept for her dead children;* **(22) wants discourse of reason:** is incapable of rational thinking; **(25) Hercules:** enormously strong hero *(Greek mythology);* **(26) ere yet:** even before; **(27) galled:** sore *(from weeping);* **(28) to post:** hurry

Hilfsmittel

Einsprachiges Wörterbuch
Zweisprachiges Wörterbuch

Lösungsvorschlag 6
So knacke ich die Aufgabe

Checkliste zur Selbsteinschätzung

Darüber sollten Sie Bescheid wissen:	Alles klar	Noch einmal nachlesen
I. Methodisches Wissen		
Herausarbeiten von zentralen Aussagen		
relevante Teile eines Textes in eigenen Worten wiedergeben		
Gliederung und Strukturierung der Argumentation des eigenen Textes		
sicherer Umgang mit Analysetechniken		eigene Notizen
korrektes Belegen und Zitieren		
II. Inhaltliches Wissen		
Shakespeare, damals und heute		eigene Notizen; www.shakespeare.org.uk
Shakespeares Dramen *(Macbeth)*		
moderne Theater- und Filmproduktionen		
III. Literaturwissenschaftliches Wissen		
Charakterisierung		
Stilmittel		
Fachvokabular zur Textanalyse (historisches Drama)		eigene Notizen
Fachvokabular zur Filmanalyse (Aufgabe 3.2)		

Aufgabenstellung

1. **Outline** Prince Hamlet's thoughts and position in reaction to his mother's marriage to Claudius. *(Comprehension)*

Tipp: Worauf kommt es an?

Die Aufgabe ist dem Anforderungsbereich I (s. S. 14) zuzuordnen. Die Bearbeitung erfordert die Formulierung der zentralen Aussagen des Textes anhand der gegebenen Aufgabenstellung.
Obwohl die Bearbeitung dieser Aufgabe eine wichtige Grundlage für die Lösung der zweiten Teilaufgabe darstellt, sollte man sich nicht zu lange damit aufhalten. Die Aufgabe macht etwa $\frac{1}{4}$ der inhaltlichen Leistung aus (16 von 60 Punkten = 26,6 %).

Notizen

Erwartungshorizont

Es gilt, den Gedankengang Hamlets hinsichtlich der Heirat zwischen seiner Mutter und Claudius darzustellen. Wesentliche Aspekte sind die Ausführungen Hamlets bezüglich seines Vaters, der übereilten Heirat seiner Mutter und der Unterlegenheit des Claudius.

Stichpunktlösung

Hamlet describes a conflict situation. He would like to take his own life, but this is not possible because it would be against his religious beliefs. The reason for his wish to die is his displeasure with the current situation in Denmark, which is in a state of complete disorder. Hamlet holds a grudge against his mother, who married again instead of mourning her deceased husband. Hamlet thinks his mother's marriage with his uncle Claudius was too rushed. Moreover, Hamlet contrasts his late father's superiority and his parents' perfect marriage with Claudius's evident shortcomings. Finally, Hamlet also comments on the incestuous form of the new relationship, which he fears will be a source of ever greater disorder.

Erstellen Sie nun eine ausführliche Lösung (Stichpunktlösung zum Vergleich).

Aufgabenstellung

2. **Analyse** how Shakespeare uses Hamlet's soliloquy for the purpose of characterisation. In so doing, also consider the use of language (e.g. text structure, syntax, rhetorical devices). *(Analysis)*

Tipp: Worauf kommt es an?

Diese Aufgabe ist dem Anforderungsbereich II (s. S. 16) zuzuordnen. Gefordert ist, die in Aufgabe 1 geleistete inhaltliche Arbeit mithilfe textanalytischer Methoden zu vertiefen und damit die Aufgabenstellung zu lösen.
Aufgabe 2 ist die am höchsten bewertete Teilaufgabe dieser Prüfung (24 Punkte = 40 %), daher sollte man für ihre Bearbeitung die meiste Zeit einplanen.

Erwartungshorizont

Die Aufgabenstellung erfordert eine Erörterung der Funktion der Textstelle für die Charakterisierung Hamlets und der weiteren Personen. Dabei soll sowohl auf die einzelnen Charakterisierungen als auch auf deren Form eingegangen werden (z. B. Kontrastierungen). Des Weiteren soll auf besondere sprachliche Mittel im Text eingegangen werden.

Stichpunktlösung

Soliloquy

- fulfils the role of an exposition,
- used for initial characterisation,
- serves as a point of orientation for the reader,
- characterisation of Hamlet is almost always indirect,
- only when Hamlet himself describes other characters does the characterisation become explicit, that is, directly conveyed by Hamlet's statements without the need for interpretation.

Notizen

Notizen

Hamlet's characterisation of himself:

- very high moral standards,
- deeply respects father and marriage between his mother and late father,
- despises his mother's new ambitions and discounts wish to remarry,
- shows signs of emotional instability: melancholy, despair and anxiety.

Direct characterisation uses contrastive descriptions of the other characters, using both implicit/indirect and explicit/direct characterisation

- Hamlet's father described as a superior ruler: "So excellent a king." (l. 11),
- his relationship to Hamlet's mother was perfect: "so loving to my mother" (l. 12),
- description is emphasised using a mythological reference: Hamlet's father is compared to Hyperion, the glorious sun-god of Greek mythology,
- this description, in conjunction with the statement that the late king did not permit "the winds of heaven" to "visit [the] face" of his wife "too roughly" (ll. 13/14), creates an almost godlike impression of the king,
- Claudius falls short of these qualities: "My father's brother, but no more like my father/Than I to Hercules" (ll. 24/25),
- again Greek mythology is used, but this time to diminish the qualities of Claudius,
- additionally, Claudius's inferiority is shown, when he is once again compared to the late king in mythological terms: "So excellent a king, that was to this/Hyperion to a satyr" (ll. 11/12),
- last important instance where Greek mythology is used: when Hamlet wishes his mother to act more like Niobe, the queen of Thebes, who mourned her dead children in an extraordinary way,
- further remarks describe his mother as incapable of rational thought, effeminate and weak, as in his outcry: "frailty, thy name is woman" (l. 18),
- Hamlet accuses her of unreasonable behaviour because she does not have control over her desire for Claudius (ll. 15/16) and did not mourn for an adequate period of time: "a beast that wants discourse of reason/Would have mourned longer!" (ll. 22/23),
- he thinks her mourning was too short and therefore dishonest: "Ere yet the salt of most unrighteous tears/Had left the flushing of her gallèd eyes,/She married. O most wicked speed, to post/With such dexterity to incestuous sheets" (ll. 26 - 29).

Hamlet's strong feelings emphasised by the stylistic devices used in the excerpt

- text is full of interjections and exclamations ("O, O God, Fie o'nt, Heaven and earth, why"), that disrupt Hamlet's statements,
- his emotional turmoil also exemplified by the form of the soliloquy: at the beginning the syntax is clear and ordered, but after line 9, Hamlet's strong emotions are reflected in a disruption of syntactic structures,
- examples: "That it should come to this -/But two months dead - nay, not so much, not two -/So excellent a king [...]" (ll. 9 - 11),
- apart from Hamlet's state of mind, the dominating theme of the rushed marriage is also reflected in the form of these statements, which are associative and lack a clear logical structure,
- other examples of syntactically incomplete and disrupted sentence structures can be found in lines 17 - 19 and 21 - 24,
- exaggeration - the statement that the late king had control over "the winds of heaven" (l. 13) - and generalisations additionally set the mood of the soliloquy: the world is being described as "weary, stale, flat, and unprofitable" and as an "un-

weeded garden" (ll. 5–7), femininity as "frailty" and the irrational behaviour of the mother as a "beast" (l. 22),

- overall style can be characterised by its emotionalism and declamatory tone using repetition, alliteration, enumeration, metaphors, similes and assonance, which all emphasise Hamlet's state of mind.

Erstellen Sie nun eine ausführliche Lösung (Stichpunktlösung zum Vergleich).

Aufgabenstellung

3.1 Considering the following quotation, **comment** on how successfully Shakespeare's tragedies may be turned into films for a modern audience. In your comment refer substantially to both *Macbeth* and the given extract from *Hamlet.*
Certain conventions that are perfectly acceptable on the stage cannot always be reproduced cinematically. Among these is the Shakespearean soliloquy. ... Theatergoers accept, even expect, such artificiality. Generally, however, viewers of movies have been programmed to think of film as a more realistic medium. (Joseph M. Boggs/Dennis W. Petrie, The Art of Watching Films, 2000, pp. 394–5) (Evaluation: comment)

Tipp: Worauf kommt es an?

Die Arbeit an dieser Teilaufgabe erfordert eine Bewertung des Zitats in einem übergeordneten Zusammenhang *(comment)* und ist damit Anforderungsbereich III (s. S. 20) zuzuordnen.
Diese Aufgabe macht $\frac{1}{3}$ der gesamten inhaltlichen Leistung aus (20 Punkte = 33,3 %).

Erwartungshorizont

Ausgehend vom Textzitat, sollen Argumente dafür und/oder dagegen präsentiert werden, dass sich Shakespeares Tragödien immer noch erfolgreich für ein heutiges Publikum verfilmen lassen. Hierbei soll sowohl auf allgemeine Fragen als auch konkret auf Shakespeares *Macbeth* und den bearbeiteten Ausschnitt aus *Hamlet* eingegangen werden. Aus diesen drei Unterbereichen gilt es, die relevanten Themenbereiche (z. B. Weltbild, Gesellschaftsstruktur, Machtverhältnisse, moralisch-religiöse Wertvorstellungen) zu entnehmen und ihre Relevanz damals und heute zu kontrastieren und zu diskutieren.

Stichpunktlösung

Introduction

- Shakespeare rich source of material for the cinema: Olivier's *Henry V* (1946) first of long series: *Hamlet* (1948, 1991), *Romeo and Juliet* (1968), *Macbeth* (1948, 1971, 1978), *Much Ado About Nothing* (1993), modern remake of *Henry V* (1989).

Development advantages of filming plays

- basic storyline familiar to modern audiences,
- visualisation of a) settings (castles, outdoor scenes), b) sumptuous costumes, c) fight scenes *(Macbeth, Hamlet)*/battle scenes *(Henry V, Julius Caesar)* – all presented with greater realism/speed/excitement on film – close-ups also make love scenes, death scenes more effective.

Notizen

Development II: problems with film versions
visual presentation of

- soliloquies (in *Hamlet,* Claudius and Hamlet himself; in *Macbeth,* Macbeth's own soliloquies, Lady Macbeth); device used to expose protagonist's state of mind/ motivation; important impact on characterisation,
- choruses used to give largely uneducated and ignorant Tudor audiences essential background information (hence widely used in history plays),
- common director's solutions,
- choruses often left out completely: director's technique of omission (unnecessary as modern audiences better educated and more sophisticated),
- soliloquies often presented in shortened form, unless great speech, e.g. "Is this a dagger which I see before me" *(Macbeth);* "O, that this too too solid flesh would melt" *(Hamlet)* as dream sequence or "fuzzy shot" to increase realism.

Conclusion

- In filming Shakespeare's plays, soliloquies/choruses cause clash between visual realism of film and world of feeling/thought of stage play; effective solutions are
  a) technique of omission (frequent in case of choruses),
  b) shortening (frequent in case of less well-known soliloquies),
  c) dream sequences, fuzzy shots (frequent in case of soliloquies that cannot be omitted or shortened).

Erstellen Sie nun eine ausführliche Lösung (Stichpunktlösung zum Vergleich).

Aufgabenstellung

3.2 Imagine you are a screenwriter and director who wants to convince a producer of your plan to make a modern screen adaptation of *Hamlet*. Write an outline in which you briefly **present** your general concept (e.g. style, setting, language, music, cast) and **explain** in detail your ideas for a visually and acoustically powerful, modern film version of Hamlet's soliloquy, paying particular attention to characterisation. To make your ideas clear, refer to a film or stage production of *Macbeth*. *(Evaluation: re-creation of text)*

Tipp: Worauf kommt es an?

Die Arbeit an dieser Teilaufgabe erfordert eine kreative Weiterentwicklung der Thematik in Form eines selbst geschriebenen Textes *(re-creation of text)* und ist damit Anforderungsbereich III (s. S. 20) zuzuordnen.
Diese Aufgabe macht $\frac{1}{3}$ der gesamten inhaltlichen Leistung aus (20 Punkte = 33,3 %).

Erwartungshorizont

Hier soll ein Konzept zu einer Neuverfilmung des *Hamlet*-Textes erstellt werden. Dabei soll sowohl ein kurzer Überblick über das Konzept als auch eine detaillierte, auf Schwerpunkte beschränkte Beschreibung der jeweils eingesetzten kinematografischen Elemente gegeben werden. Die Auslegung des Konzepts soll begründet werden. Ebenfalls soll die Wahl der filmischen Elemente stimmig an Form und Inhalt der Textstelle angepasst sein.

Notizen

Arbeitsschritte

Was muss ich tun?	Alles klar
die Aufgabenstellung verstehen; Operatoren prüfen	
In Aufgabe 2 wurden die stilistischen Besonderheiten des Textes sowie die Funktion als Exposition hinsichtlich der Charakterisierung der Hauptfiguren herausgearbeitet. Diese sollen filmisch durch den Einsatz kinematografischer Elemente/Effekte hervorgehoben werden. Leitfragen: ■ An welcher Stelle des Textes finden sich Aspekte, die durch filmische Elemente unterstützt werden können/müssen? ■ Welchen Effekt wollte Shakespeare an dieser Stelle erzielen? ■ Welche emotionale Reaktion wollte er hervorrufen? ■ Welche emotionale Reaktion kann durch filmische Mittel in einer Neuverfilmung hervorgerufen werden?	
Zusammenstellen der Beschreibungen in einer Stichpunktliste nach folgendem Schema: ■ Was soll dargestellt werden? ■ Wie soll es dargestellt werden? ■ Was soll durch die Darstellung beim Zuschauer ausgelöst werden?	
Strukturierung der *outline*	
Schreiben des Textes	

Notizen

Stichpunktlösung

Introduction to the main concept: The film should be an acoustically and visually modern adaptation, but Shakespeare's language should be left intact.

Outline of cinematic concept for the soliloquy:
- adaptation is supposed to enhance Hamlet's emotional state of mind and the characterization of the other protagonists.

Cinematic elements that can be used to emphasise Hamlet's inner turmoil:
- hand-held/subjective camera,
- close-ups/extreme close-ups.

Cinematic elements that can be used when Hamlet speaks of his father:
- changes of tint and colour (dark to bright),
- short flashbacks, pictures of mother and father (brightly lit, but also distant, maybe using grainy film material (or b/w).

Elements that can support the disjointed structure in the middle section of the soliloquy:
- change of dynamics in sound, e.g. higher loudness, different, dissonant timbre,
- synchronising the tempo of narration and dynamics of music/sound effects: higher tempo of music/sound effects can delineate the disgust about the hurried marriage and Hamlet's anger.

Erstellen Sie nun eine ausführliche Lösung (Stichpunktlösung zum Vergleich).

Trainingsaufgabe 7
Interpretation und Analyse – Roman

Notizen

Aufgabentyp	Interpretation und Analyse
Material	Stephen Amidon: "Human Capital" (Auszug). New York 2004, S. 190–193
Thema	Extreme situations
Niveau	Leistungskurs, Bearbeitungszeit 240 Minuten
Bewertungseinheiten	100 Punkte

Aufgabenstellung

Assignments:

Comprehension

1. Briefly outline the situation and describe how Shannon and Ian respond to it. (30 P)
2. Analyse their moral conflict and compare it to a similarly difficult situation encountered in a text read in class. (40 P)
3. Discuss whether choice or chance plays a more important role in modern man's life. (30 P)

Material

Stephen Amidon: Human Capital

Shannon and Jamie are high school seniors; Ian has dropped out of school and now works in a deli. As Shannon's boyfriend Jamie kept getting drunk, she left him. One night, however, she is called to a party because Jamie has had too much to drink.
She and Ian, her new boyfriend, go there. Shannon drives Jamie home while Ian takes Jamie's Jeep Wrangler back and hits a cyclist. Shannon picks Ian up at Jamie's house. On the way to Ian's place, they see bystanders attending to the victim of the accident.

"Look, Shannon, it was an accident, all right? The car just – I was downshifting, and when I hit the gas, I mean, it just lurched away from me. It was like a rocket taking off. And the next thing I knew this guy appeared out of the middle of nowhere."
"I know it was an accident."
"Then what possible reason would there be for me to get myself arrested? If he was still lying out there or they needed my blood or something ... he's not going to get any better with us calling the cops. I get busted[1] and that's it for me."
He folded his arms across his chest and bent forward slightly. Shannon put her hand on his back and could feel his body shaking. Headlights appeared on Totten Pike. They watched through the picture window as a car drove by without slowing.
"We'll wait until morning," she said.
He put his head back on her lap. She began to stroke his hair.
"Hey, Ian?" she asked after a while, "How come you drove the Jeep all the way back to Jamie's?"
"I thought it would be easier."
"But what happened on the hill?" she asked softly.

"I don't know. I wasn't even going that fast. It just ... the car just sort of jumped. It was like the thing was driving itself. I thought ..."

"What?"

"I don't know what I thought."

He began to cry, a rhythmic stutter of his breathing, his hand gripping her knee. She thought he was shivering at first. She'd never seen him cry before. After a minute of this she felt something hot soak through the fabric on her thigh. Tears. He stopped after that. He was so still that she thought he'd fallen asleep. She slid out from under him, getting one of Ginny's misshapen handmade quilts from the closet to put over his body. But when she came back to the sofa, she saw that his eyes were wide open. There was nothing behind them. They were all pure brilliant surface.

"I thought you were asleep."

"I don't think I'm ever going to sleep again."

She covered him, and then they watched the television with the sound turned off, a Hartford station, evangelists and infomercials, a guy with big rubber gloves cutting up baked chickens. [...]

Finally, just as light was beginning to leak through the trees across the highway, the local morning news broadcast started. They turned on the sound. The story came on a good ten minutes into the program. [...] The newscaster explained that the police were appealing for witnesses in a hit-and-run accident involving a Totten Crossing man named Robert Jarvis, who was in serious condition at Mercy Hospital. The whole thing took no more than thirty seconds of airtime.

"Serious," Shannon said. "What does that mean?"

"It means he's alive."

She knew it meant more than that but kept quiet. They watched the news on another station, but there was nothing there. Shannon turned off the television.

"So what are we going to do?" she asked.

"Nothing."

"Ian, we can't just do nothing."

He looked out the picture window at the rocky yard. She put her hand on the back of his neck. The muscles were rigid.

"Okay," he said, taking a deep breath. "If he's hurt badly, I mean, you know, really *serious,* then I'll turn myself in. But if he's just, if he's going to get better, then I won't. That's - that's all right, isn't it?"

Shannon nodded, even though she knew it wasn't all right. And then she thought of something else.

"But what if they figure out it was the Wrangler?"

"Okay. That, too. If they start asking about the Wrangler, we'll call them."

They went to his room and lay on top of the covers, keeping their clothes on. They didn't say anything, and Shannon must have drifted off, because the next thing she knew it was very bright in the room, a harsh, headachy light that seemed to be coming from a closer sun. Ian was sitting at his desk, drawing furiously in one of his pads[2]. He hadn't slept. He hadn't been anywhere near sleep.

"What time is it?" she asked.

He closed the pad and looked at her.

"Late morning. Everything's cool."

"I'd better go," she said. "See what's happening."

He nodded unhappily.

"Call me."

Notizen

"Ian, I'm not going to let you go through anything alone."
"And you won't tell anyone unless we decide together, right?"
"Ian, I promise."
They kissed for a while, and she allowed herself to believe everything was going to be all right. But once she was away from him, the magnitude of what they were doing returned. Keeping the accident a secret had seemed possible when she was lying with him in the quiet house, the world nothing more than passing traffic. But as she drove back into Totten Crossing, moving among all the regular people doing regular things, parents spending money and taking their kids places, she knew this was just an illusion.

844 words

Stephen Amidon, Human Capital, New York (Viking), 2004, S. 190 – 193

Notizen

1 **to get arrested**
2 **writing/drawing pad**

Lösungsvorschlag 7
So knacke ich die Aufgabe

Checkliste zur Selbsteinschätzung

Darüber sollten Sie Bescheid wissen:	Alles klar	Noch einmal nachlesen
I. Methodisches Wissen		
Herausarbeiten von zentralen Aussagen		
relevante Teile eines Textes in eigenen Worten wiedergeben		
Gliederung und Strukturierung der Argumentation des eigenen Textes/Argumentationsstrategien/Unterteilung in Absätze		
sicherer Umgang mit Analysetechniken		
korrektes Zitieren und Belegen		
II. Inhaltliches Wissen		
Emotionen – Auswirkungen/Einfluss auf das Handeln von Menschen; Illusion und Realität		Stichwort für Recherche: „emotional and intellectual motivation“
Werte und moralische Vorstellungen, gesellschaftliche Normen der westlichen Gesellschaft		Stichwort für Recherche: „Western culture“
politische, ökonomische und soziokulturelle Entwicklung und Entwicklungstendenzen der gegenwärtigen westlichen Gesellschaft/Globalisierung		Internetrecherche: www.globalisation-guide.org
III. Literaturwissenschaftliches Wissen		
Vergleich zweier literarischer Situationen		eigene Notizen
Fachvokabular zur Analyse literarischer Texte		

Aufgabenstellung

1. Briefly **outline** the situation and **describe** how Shannon and Ian respond to it.

Tipp: Worauf kommt es an?

Diese Aufgabe ist dem Anforderungsbereich I (s. S. 16) zuzuordnen. Die Aufgabenstellung erfordert eine kurze Formulierung der im Text dargestellten Situation sowie eine Beschreibung der Reaktion der beiden Protagonisten auf diese Situation. Die formalen Kriterien einer *summary* müssen beachtet werden. Die Aufgabe stellt zwar die Grundlage für die Bearbeitung der weiteren Aufgaben dar, da sie auf das Textverständnis abzielt, sollte man für die Lösung jedoch nicht allzu viel Zeit einplanen.

Notizen

Erwartungshorizont

Der kurze Umriss der Situation soll Folgendes beinhalten: eine kurze Darstellung, wie es zu dem Unfall mit der anschließenden Fahrerflucht kam; die Reaktion der beiden Protagonisten, die Weigerung Ians, sich der Polizei zu stellen, und Shannons Bemühungen ihn umzustimmen. Erwähnt werden sollte auch Shannons Einsicht, dass eine Rückkehr zur Normalität sich als Illusion erweisen wird.

Stichpunktlösung

- Shannon is called to fetch former boyfriend, Jamie, from a party - he is drunk,
- Ian, Shannon's new boyfriend, accompanies her,
- Shannon takes Jamie back to his place while Ian drives Jamie's jeep home,
- on his way back Ian hits a cyclist but leaves the scene of the accident,
- at home: Ian tells Shannon about the accident - he sees no reason to report the incident to the police,
- Ian deeply affected emotionally: trembles, cries, thinks he will never sleep again,
- Shannon comforts him, stays with him,
- after watching local news, Shannon and Ian discuss how they can solve the situation,
- if cyclist is seriously injured or if police ask about jeep, Ian agrees to give himself up,
- Shannon tries to persuade herself everything might turn out all right - realises in reality this solution is only an illusion.

Erstellen Sie nun eine ausführliche Lösung (Stichpunktlösung zum Vergleich).

Aufgabenstellung

2. **Analyse** their moral conflict and **compare** it to a similarly difficult situation encountered in a text read in class.

Tipp: Worauf kommt es an?

Diese Aufgabe ist den Anforderungsbereichen II und III (s. S. 16 und 20) zuzuordnen. Hier soll die in Aufgabe 1 geleistete inhaltliche Arbeit analytisch weiter vertieft werden. Des Weiteren erfordert die Aufgabe den Vergleich in einem größeren Zusammenhang. Diese Aufgabe geht gravierend in die inhaltliche Gesamtbewertung ein, deshalb sollte man für Entwurf und Struktur des Textes genügend Zeit einplanen.

Erwartungshorizont

Die Aufgabenstellung erfordert eine genaue Analyse des moralischen Konflikts beider Protagonisten. Anhand des Vorwissens über den schulischen Werdegang Ians und Shannons und ihres Verhaltens in der vorliegenden Textstelle soll der Konflikt zwischen Moralanspruch und eigenem Handeln dargestellt werden. Aufschluss darüber sollen besonders Sprache und Verhalten der Protagonisten, der Erzählerstandpunkt und die Erzählerperspektive geben.

Des Weiteren soll diese Situation mit einer ähnlich gelagerten Situation eines Textes, der im Unterricht gelesen wurde, verglichen und Gemeinsamkeiten und Unterschiede im Handeln der jeweiligen Protagonisten herausgestellt werden. Die korrekte Verwendung von Fachvokabular wird erwartet.

Notizen

Arbeitsschritte

Was muss ich tun?	Alles klar
die Aufgabenstellung lesen und verstehen; Operatoren prüfen	
den Text erneut lesen und wichtige Textstellen hinsichtlich des moralischen Konflikts beider Protagonisten markieren Leitfragen: ■ Welche direkten und indirekten Informationen gibt es im Text? ■ Verhalten sich beide Protagonisten gleich? (Gemeinsamkeiten, Unterschiede getrennt aufführen) ■ Wie drückt sich ihr Verhalten in ihrer Sprache, Körpersprache, ihrem Handeln/ihren Aktivitäten und ihren Gedanken aus? ■ Wie unterstützen der Erzählerstandpunkt und die -perspektive die Sichtbarwerdung des moralischen Konflikts? ■ Welche Gemeinsamkeiten und Unterschiede sind zur Situation des selbst gewählten Textes erkennbar?	
eigene Kommentare zu den markierten Textstellen verfassen; darauf aufbauend eine Struktur für den zu schreibenden Text entwerfen Leitfragen: ■ Welche moralischen Konflikte der Protagonisten werden im Text dargestellt und wie wird das für den Leser deutlich? ■ Wie gehen die Protagonisten mit diesen Konflikten um? ■ Welche Gemeinsamkeiten und Unterschiede lassen sich zur Bezugssituation des selbst gewählten Referenztextes (z. B. T. C. Boyle: *The Tortilla Curtain;* W. Shakespeare: *Hamlet*) erkennen? ■ Welche Schlussfolgerungen lassen sich aus diesem direkten Vergleich für das Verhalten von Menschen in extremen Situationen ableiten?	
Text schreiben	
inhaltliche und formale Prüfung des Textes, Fehlerkorrektur	

Stichpunktlösung

- Ian/Shannon in an extreme dilemma – forced to test their moral/social standards against the fact of Ian's situation, i. e. having caused injury through momentary inattention.
- Ian, as Shannon's new boyfriend, cares for her and accompanies her to fetch her former boyfriend, who she still feels responsible for,
- Ian takes Jamie's car home so that nobody steals it; Jamie has no further inconvenience,
- contrast: image of helpful American teenager – causes a serious hit-and-run accident,
- confusion: no firm internal pattern of action – theoretical moral values vanish as Ian returns to childish behaviour: runs away, hides, pretends nothing serious has happened (ll. 23 – 32),
- compensates by pursuing other (drawing) activities (ll. 58 – 61),

Notizen

- conflict: might be arrested – no trust in police as school dropout who might be expected to cause trouble – knows that once he is in prison his life is over,
- will only turn himself in if victim seriously injured or police find out about car,
- although aware of consequences, ruthless enough to allow others to suffer for his actions.
- Shannon feels responsible for Jamie, who has an alcohol problem and does not care about his health,
- now Ian might be prosecuted she cares for him: comforts him/tries to believe his story (ll. 8–9),
- she knows the consequences of hit-and-run accidents – tries to persuade Ian to turn himself in (ll. 45, 48–54),
- torn between love for Ian and her moral code (l. 51) – furthermore, knows Ian's solution is unrealistic, will have to face truth soon (ll. 72–75) – have to sacrifice themselves to their moral principles to help a totally immoral person (Jamie).
- *The Tortilla Curtain:* Delaney in similar situation: caused car accident and injured a man,
- contrast: initially Delaney shows more maturity: stops/cares for victim – on learning that he is an illegal immigrant, compassion turns into anger – blames the victim for being there,
- change shows Delaney (like Ian) is trying to rid himself of guilt feelings by abandoning his moral code (reduces Mexican to his ethnic origin/illegal presence),
- conflict: Delaney recognises xenophobia/racism of social class – no wish to support racism, but fears social exclusion if he helps Mexican victim,
- in both texts, protagonists in a tragic moral dilemma: their own needs/moral code against the bare reality that perverts them,
- both faced with decision involving inevitable personal sacrifice.

Erstellen Sie nun eine ausführliche Lösung (Stichpunktlösung zum Vergleich).

Aufgabenstellung

3. **Discuss** whether choice or chance plays a more important role in modern man's life.

Tipp: Worauf kommt es an?

Die Aufgabe ist dem Anforderungsbereich III (s. S. 20) zuzuordnen. Sie erfordert die Auseinandersetzung mit der Thematik in einem größeren Zusammenhang und die eigene Meinungsäußerung. Da das Thema sehr allgemein gehalten ist, sollte man für den zu erstellenden Text (besonders in der Stoffsammlungs- und Strukturphase) genügend Zeit einplanen.

Erwartungshorizont

Bei der Lösung dieser Aufgabe wird erwartet, dass Sie sich in Form einer Pro-und-Kontra-Diskussion damit auseinandersetzen, ob Wahl oder Zufall eine bedeutendere Rolle im Leben des modernen Menschen einnimmt. Da diese Aufgabe recht offen gehalten ist, sollten Sie Schwerpunkte für Ihre Diskussion festlegen. Ausgehend von der gegenwärtigen Gesellschaftsentwicklung bieten sich verschiedene Aspekte an: politische (westliche Welt/Dritte Welt/Naher Osten), ökonomische (Globalisierung/Arbeitsmarkt)

Notizen

und/oder soziokulturelle (ethnische Zugehörigkeit/Immigration/Arbeitslosigkeit und deren psychische und physische Auswirkungen). Die Argumente müssen auf konkreten Angaben und Fakten basieren, damit sich Ihr persönlicher Standpunkt zu dieser Thematik logisch nachvollziehen lässt.

Stichpunktlösung

- Individual life moulded by many factors: social environment, family situation, economic status, education, development of personal talents/abilities: little room for chance?
- political/economic developments incl. globalisation offer people both more choice and more restrictions.

More choice

- Traditional learning techniques no longer apply: new skills needed in shorter time due to pace of technological development – chance to develop new abilities,
- choice of studying abroad, contacting new people/culture, maybe finding future occupation
- constant change in global markets leads to demand for fresh approach to vocational training – result: creation of new jobs/professions as substitute for traditional ones – not only one, but several jobs, have to be learnt in a person's working life,
- increasing political stabilisation through economic development – e.g. growth of GDP in South Africa – more choice for individual people – result: more opportunities for the individual.

More restrictions

- Opening up of world markets – low-paid labour preferred – industries outsource to low-wage economies – result: higher unemployment in developed/traditional regions,
- economic migration affects family life (single-person households, one-/absent-parent families etc.),
- result: development in some regions, extinction in others, (creation/death of communities) – physical/psychological effects on human beings,
- political development, e.g. wars, affects global (political, economic) development,
- modern man: more choice than in previous times due to fast development in all fields,
- chance plays a decisive role – many inventions unthinkable without random choice (software development/Bill Gates, genetic engineering),
- film example *Forrest Gump:* protagonist did not choose his life, it developed by chance – expresses human hope that chance makes life a fascinating adventure, no matter how carefully a person may plan/structure his or her life – chance/random choice gives people the opportunity to grow, develop and reach new heights.

Erstellen Sie nun eine ausführliche Lösung (Stichpunktlösung zum Vergleich).

Notizen

Trainingsaufgabe 1
Interpretation und Analyse – Sachtext

Aufgabentyp	Interpretation und Analyse
Material	James Graff: "Follow the Stars". In: *TIME Europe Magazine,* 7. Februar 2005
Thema	Globalisation
Niveau	Leistungskurs, Bearbeitungszeit 240 Minuten
Bewertungseinheiten	Keine Angabe

Aufgabenstellung

Assignments:

Comprehension

1. Describe Sharon Stone's and Angelina Jolie's performances at a WEF conference in Davos in January 2005.

Analysis

2. Analyse how the author manages to deal with a serious issue and entertain the reader at the same time.

Comment

3. Against the background of the text state your opinion about celebrities' commitment towards global concerns.

Material

Follow the Stars

Forget bankers and politicians – this year, celebrities ruled Davos

It was a role Sharon Stone hadn't played quite so dramatically before, or in front of such an influential audience. At a plenary session on fighting poverty last week at the World Economic Forum in Davos, Switzerland, Stone listened as Microsoft founder and chairman Bill Gates described how simple bed nets treated with insecticide can protect poverty-stricken Africans from malaria-bearing mosquitoes. Leading off the question-and-answer session, the star of Basic Instinct and Casino turned bed nets into an immediate cause. She pledged $10,000, then turned to the élite group of politicians, businessmen, celebrities and journalists in the hall and asked that they contribute, too.

There was a murmur of interest, consternation and a little embarrassment over her grandstanding. "Would anyone else like to stand up and help? Just stand up! Stand up and people will take your name," Stone urged, her hand raised above her head like an evangelical preacher. A man behind Stone stood up and offered $50,000, and slowly, tentatively, others stood, too. Within 10 minutes, 35 people rose around the packed auditorium to make donations, as an aide bustled around the hall collecting business cards. The session chairman, U.S. Senator Bill Frist, announced later that $1 million had been collected for the fight against malaria. It was an impressive example of how quickly a Hollywood star can bring much-needed funds – and attention – to an important cause.

Notizen

“These were people with a lotta cash,” Stone said that evening. “I thought, ‘I really have to get it now,’ and that’s why I made an ass of myself.”

At this year’s World Economic Forum (WEF), the power of celebrity kicked some passion into the wonky work of saving the world, showing how fame and sex appeal can work as well for humanitarian causes as it does for selling movies. Now in its 35th year, the WEF has long since outgrown its origins as a strictly business event; the smattering of cultural figures in recent years more than tripled in number this year to include not only Nobel prize winners like Elie Wiesel and Nadine Gordimer, but also film stars including Gerard Depardieu, Carole Bouquet, Richard Gere, Chris Tucker and popular musicians such as Bono, Lionel Richie and Peter Gabriel: Tomb Raider star Angelina Jolie, Goodwill Ambassador for the United Nations High Commissioner for Refugees (unhcr), sees the role of celebrities as throwing a spotlight on problems that might otherwise be ignored. At a cocktail reception in Davos, Jolie, 29, mesmerized a crowd including executives from multinationals with her account of a visit to refugees in Cambodia. “They’d faced the Khmer Rouge, genocide, starvation, years in refugee camps,” Jolie said. “And then there were the land mines.” Yet she described how this ravaged group, many of whom had lost arms and legs, managed to build five houses in two weeks. “These are the most capable people I’ve ever met in my life,” she said. Many had lumps in their throats when she was through. [...]

Jolie’s work, and that of other celebrities, has opened other people’s eyes as well. Their passion seems to connect to and inspire people in a way that most politicians and activists don’t. “We’ve always had cultural leaders at Davos, but we never looked at them as people who could leverage important social issues,” says Michel Ogrizek, WEF’s head of communications. “Cynics will say it’s just p. r., and I’m sure for some famous people it is. But the stars here this year are personally and profoundly engaged.”

So why have the stars decided to come out for this year’s WEF meeting? Partly it’s the issue at hand. Themes of recent Davos gatherings - the Internet, terrorism, the U.S.-led invasion of Iraq - didn’t lend themselves to the high wattage celebrities can bring. Those issues are all still there, of course, but poverty in the developing world dominates this year’s event. “It’s a sea change,” says Davos attendee Meril James, secretary-general of Gallup International Association, a global polling group. “The public response to the Asian tsunami was just an example of that. There’s been a swell of support for eradicating poverty that’s out in front of where political leaders are.” The international aid community has also become better at deploying celebrities. “It doesn’t help to have someone just looking to put something good in their bio,” says Shannon Boyd of the unhcr. Getting involved means getting political.

“In the late 1980s, when we did We Are the World, it was a lot of work getting musicians together,” says pop singer Lionel Richie, co-author of the song that launched the U.S. appeal for the Ethiopian famine. “Now I find I can do more by meeting with major corporations. They have the wherewithal, we have the visibility - it’s a partnership.” Richie still can’t resist using music to get his message across, though. At Davos, he introduced another ditty called One World, which Gere will use to promote safe sex in India.

Of course, big thoughts and grand gestures at the WEF have generated optimistic epiphanies before, and they have often been fleeting. But cynics beware: the celebrities at this year’s meeting seem to be in it for the long haul. Bankers, businessmen and politicians haven’t yet managed to save the world. Why not let the stars take a shot? “What

Notizen

we need is political will," says Jolie. "And that's what people like me can do: bring [these issues] to the attention of citizens and reinforce the political will." She's a difficult person to ignore.

915 words

Source
Graff, James: TIME Europe Magazine, February 7, 2005

Notizen

Annotations
Lines

4	**bed net**	*mosquito net*
6	**Basic Instinct/Casino**	*titles of movies in which Sharon Stone acted*
19	**lotta**	*(infml.) a written form of 'lot of' or 'lots of'*
26	**Elie Wiesel**	*American journalist and author; won Nobel Peace Prize in 1986*
26	**Nadine Gordimer**	*South African novelist and short story writer; received Nobel Prize for Literature in 1991*
29	**Goodwill Ambassador**	*voluntary representative*
33	**Khmer Rouge**	*political group in Cambodia; remembered mainly for the deaths of an estimated 1.7 million people through execution, starvation and forced labour*
46	**wattage**	*here: attention and publicity*
53	**bio**	*biography*
55	**We are The World**	*charity anthem written and performed by international pop stars in 1985 to protest against international politics and fight starvation*
61/62	**epiphany**	*lit., a moment when you suddenly realize or understand something important*

Hilfsmittel
Einsprachiges Wörterbuch

Lösungsvorschlag 1
So knacke ich die Aufgabe

Checkliste zur Selbsteinschätzung

Darüber sollten Sie Bescheid wissen:	Alles klar	Noch einmal nachlesen
I. Methodisches Wissen		
Herausarbeiten von zentralen Aussagen		eigene Notizen aus dem Unterricht; Klausur-Vor-/-Nachbereitung
relevante Teile eines Textes in eigenen Worten wiedergeben		
den Kontext/die Textsorte eines Textes bestimmen und beschreiben		
Gliederung und Strukturierung der Argumentation des eigenen Textes		
sicherer Umgang mit Analysetechniken		
korrektes Zitieren und Belegen		
II. Inhaltliches Wissen		
die Globalisierung und ihre Auswirkungen, besonders auf die Dritte Welt		eigene Notizen; Internetrecherche, z. B. bei: www.globalissues.org
die Lebensbedingungen der Menschen in Entwicklungsländern		eigene Notizen; www.globalpolicy.org; www.oneworld.net
Engagement/Projekte verschiedener Hilfsorganisationen in Ländern der Dritten Welt		www.oneworld.net
Globalisierung in der Film- und Unterhaltungsindustrie		
globale Popularität von Schauspielern, Personen des öffentlichen Lebens – Vorteile und Gefahren		
III. Literaturwissenschaftliches Wissen		
Möglichkeiten der Leserlenkung		eigene Notizen; people.howstuffworks.com (Menüpunkt Culture & Traditions)
Fachvokabular zur Textanalyse		

Notizen

Aufgabenstellung

1. **Describe** Sharon Stone's and Angelina Jolie's performances at a WEF conference in Davos in January 2005.

Tipp: Worauf kommt es an?

Diese Aufgabe ist dem Anforderungsbereich I (s. S. 14) zuzuordnen. Die Bearbeitung erfordert die Formulierung zentraler Aussagen des Textes hinsichtlich des Auftrittes der Schauspielerinnen Sharon Stone und Angelina Jolie auf der Konferenz in Davos. Da sich die Aufgabenstellung nur auf einen Teilaspekt des Gesamttextes bezieht, sollte man sich nicht zu lange damit aufhalten. Die Aufgabe geht zu ungefähr 1 / 3 in die Bewertung der inhaltlichen Leistung ein.

Erwartungshorizont

Hier sollen das Verhalten und die Auftritte der Schauspielerinnen Sharon Stone und Angelina Jolie auf dem Weltwirtschaftsgipfel in Davos im Januar 2005 beschrieben werden.
Es gilt dabei, Fakten und Zitate der beiden Frauen mit eigenen Worten wiederzugeben und nicht den Text zu zitieren.

Stichpunktlösung

- Report from TIME Europe Magazine (James Graff), Sharon Stone's and Angelina Jolie's contribution to World Economic Forum conference, Davos, January 2005,
- Bill Gates' speech: Sharon Stone sees that simple measures can help the poor, e. g. disease prevention in Africa.
- Motivated to
  - use own popularity to collect money for the poor,
  - persuade other celebrities to do so, too.
- Angelina Jolie (Goodwill Ambassador to UN) tells cocktail party guests about refugees in Cambodia,
- Jolie: aims to make people aware of these issues to generate political activity.

Erstellen Sie nun eine ausführliche Lösung (Stichpunktlösung zum Vergleich).

Aufgabenstellung

2. **Analyse** how the author manages to deal with a serious issue and entertain the reader at the same time.

Tipp: Worauf kommt es an?

Die zweite Aufgabe ist dem Anforderungsbereich II (s. S. 16) zuzuordnen. Hier ist gefordert, die erarbeiteten Aussagen der Aufgabe 1 mithilfe von textanalytischen Methoden zu vertiefen. In dieser Aufgabe werden analytische Kenntnisse verlangt, die auch das entsprechende Fachvokabular voraussetzen. Die Aufgabe geht mit ca. 1 / 3 in die Gesamtbewertung des Inhalts ein.

Notizen

Erwartungshorizont

Die Aufgabenstellung erfordert eine genaue Textanalyse. Aufgabe ist es, aufzuzeigen, wie und mit welchen strukturellen und stilistischen Mitteln es der Autor versteht, dem Leser einerseits dieses ernste Problem der Auswirkungen der Globalisierung zu vermitteln, aber andererseits auch zu unterhalten. Mithilfe dieser Analyse sollen Sie die Leserlenkung im Text deutlich machen. Die Verwendung eines korrekten Fachvokabulars wird von Ihnen in allen Teilaspekten erwartet.

Stichpunktlösung

Structural means:

- heading as eye-catcher to attract reader's attention; title has double meaning: 1. Stars set example, readers ordered (imperative) to follow this example; 2. general meaning: (to) follow a guideline/instructions,
- subheading: contrast between politicians (boring) and stars (entertaining); awakens reader's curiosity and points to predominantly entertaining aspect of text; fresh, unusual way of dealing with serious economic topic.

Presentation techniques (way of presenting arguments):

- 1st paragraph: basic background/introductory information to inform reader about who, what, where, when, how, why ("journalistic questions"); sufficiently detailed information to enable further exploration of topic,
- 2nd paragraph: Stone's unexpected/unusual campaign to collect money and her success in doing so; maintains reader's curiosity,
- 3rd paragraph: Stone quoted talking about her success; portrayed as ordinary person that reader might identify with,
- 4th paragraph: Nobel Prize winners and celebrities engaged in WEF work mentioned and their reasons for doing so; A. Jolie (another attractive personality that readers might identify with) quoted; topic developed showing involvement of culture, esp. Hollywood, in social affairs/concerns,
- 5th paragraph: impact of celebrities' participation on public opinion; they are used as role models for ordinary people,
- 6th paragraph: reasons for stars engaging in social issues; doubts raised about PR reasons for this engagement eliminated,
- 7th paragraph: mention of differences in means used in the 80s and today; explanation of this development and suggestion for a possible solution,
- 8th paragraph: conclusion: refers back to subheading showing inability of politicians to solve social problems; use celebrities to make people aware of social issues = Hollywood is not that superficial; presents role models for ordinary citizens,
- constant use of quotations makes text believable and entertaining as reader gets information straight from the horse's mouth.

Stylistic means:

- comparison: Sharon Stone's role in Hollywood films and her performance at the plenary session in Davos: plays more "dramatically" (l. 1); topic in Davos calls for deeper involvement,
- use of informal language: "kick some passion" (ll. 21/22), "wonky work" (also alliteration, l. 22), "take a shot" (l. 64),
- use reader's register to facilitate understanding,

Notizen

- informal spoken English: “lotta cash”, vulgar language: “ass” when quoting Stone (ll. 20); portrays her as average person like readers themselves,
- contrast: “not only ..., but also ...” (ll. 25/26) to show that not only sophisticated authors but also mainstream actors have joined this movement; stresses broader base, easier for reader to identify with, as Hollywood is usually seen as a superficial, non-intellectual world,
- permanent contrasts between politicians’ inability to manage these social issues and the stars’ ability to do so; points up Hollywood’s creativity as unusual way of dealing with problems (ll. 38 - 40, ll. 57/58),
- enumeration of Nobel Prize winners and many stars who show broad basis of support (ll. 26 - 29),
- rhetorical question (l. 44): introduction of new idea; focuses on celebrities’ engagement esp. in field of “eradicating poverty”(l. 51).

Erstellen Sie nun eine ausführliche Lösung (Stichpunktlösung zum Vergleich).

Aufgabenstellung

3. Against the background of the text **state** your opinion about celebrities’ commitment towards global concerns.

Tipp: Worauf kommt es an?

Aufgabe 3 ist dem Anforderungsbereich III (s. S. 20) zuzuordnen und verlangt die Einschätzung des Erarbeiteten sowie die Bewertung der Aussagen in einem größeren Zusammenhang. Diese Aufgabe erfordert einen gründlichen Entwurf der Struktur des eigenen zu verfassenden Textes, deshalb sollte man hier genügend Zeit für die Lösung einplanen.

Erwartungshorizont

Ausgehend von den Informationen des Textes soll in dieser Teilaufgabe der eigene Standpunkt zum Engagement prominenter Persönlichkeiten für politische und soziale Belange dargestellt werden. Dazu ist es notwendig, eine fundierte Sachkenntnis zu verschiedenen sozialen Projekten in der Dritten Welt, in die prominente Persönlichkeiten involviert sind, nachzuweisen und auch aufzuzeigen, ob und wie diese Projekte durch die Mitarbeit populärer Stars vorangetrieben werden können. Da der Text zum Teil auch Zweifel an den persönlichen Motiven der Stars äußert, sollte auch hierzu Stellung genommen werden.
Die Kenntnis und Verwendung von Argumentationstechniken und -strukturen wird erwartet.

Arbeitsschritte

Was muss ich tun?	Alles klar
die Aufgabenstellung verstehen, Schlüsselwörter markieren	
Text erneut lesen, Textstellen mit Bezug zum Engagement prominenter Persönlichkeiten markieren	

Notizen

Was muss ich tun?	Alles klar
relevante Textstellen notieren	
eigenen Standpunkt finden, definieren, stichpunktartig festhalten	
Beispiele finden und notieren	
Struktur des Textes entwerfen, satz- und textverbindende Mittel einsetzen	
Text schreiben	
abschließende Fehlerkorrektur	

Notizen

Stichpunktlösung

Hinweis: Sie sollten die Rolle von Prominenten anhand von mindestens zwei verschiedenen Beispielen aufzeigen (z. B. Bono, Bill Gates und dessen Frau). Werfen Sie zu diesem Zweck einen Blick in eine Qualitätszeitung oder führen Sie eine Internetrecherche durch.

As well as politicians/aid agencies working to relieve effects of globalisation on poor, celebrities also becoming more involved in social projects

- e. g. writers, actors and singers using their popularity to focus public attention on "problems that otherwise might be ignored" (Angelina Jolie),
- not only fund-raising, also voluntary work on projects, e. g. safer sex in India, orphans in Russia,
- aid workers welcome this contribution – business/political leaders largely failed to solve such problems,
- increasing economic problems in developed countries, e. g. Germany, USA, making people feel negative effects of globalisation,
    - unemployment at home (job cuts, outsourcing of manufacturing) cause people to forget problems of the poor in developing economies,
    - information-overflow on catastrophes etc. immunises people in rich countries against sympathy for the poor,
    - governments' inability to solve problems in own countries (falling voters' turnout in e. g. Germany) causes loss of confidence in politicians' effectiveness,
- (in spite of this trend) great international willingness to help, e. g. huge response to Asian tsunami (donations of money/goods – personal participation in rebuilding schemes),
- less dramatic catastrophes/situations also need world attention – celebrities' role (Stone/Jolie) is to focus attention of politicians/businessmen on such "forgotten catastrophes",
- social involvement of some celebrities motivated by PR considerations, but time and the quality of commitment will quickly show whether sincere or faked.

Erstellen Sie nun eine ausführliche Lösung (Stichpunktlösung zum Vergleich).

Trainingsaufgabe 2
Interpretation und Analyse – Sachtext und Cartoon

Aufgabentyp	Interpretation und Analyse
Material	"Religious right fights science for the heart of America". In: *The Guardian,* 7. Februar 2005 Cartoon: "What's it all about?"
Thema	Religion and science
Niveau	Leistungskurs, Bearbeitungszeit 270 Minuten
Bewertungseinheiten	200 Punkte

Aufgabenstellung

I. Questions on the text

Read all the questions first, then answer them in the given order.
Use your own words as far as is appropriate.

1. Examine how Al Frisby's professional experience has changed over the years. (10 P)
2. Show to what extent creationists and their ideas have been gaining ground within the school systems in Kansas and other American states. (20 P)
3. Explain in what ways the religious right's notion of creation has been modified over the past twenty years. What, according to the text, prompted this development? (10 P)
4. Sum up the arguments advocates of intelligent design put forward for this doctrine. Why do they want it to be taught at school? (20 P)
5. According to the text, what implications for science as such does the current debate in Kansas have? (10 P)
6. Analyse how the text reflects the writer's attitude to creationist ideas. Give evidence from the text. (20 P)
7. Explain the various meanings of the expression "heart" of America as used in the headline and the text (cf. l. 9). (10 P)

II. Composition (50 P)

Choose **one** of the following topics. Write about 250 to 300 words.

1. There should be no ethical limits to science. Discuss.
2. "The price of freedom of religion, or of speech, or of the press, is that we must put up with a good deal of rubbish."
(Robert Jackson) Discuss.
3. Why has religious fundamentalism become so appealing?
4. Interpret the cartoon and answer the question.

III. Translation (50 P)

Translate the following text into German:

Notizen

The new exhibition called "Darwin" at the American Museum of Natural History portrays the making of the man and the scientist, and it reminds us how well and how fully evolution explains the life around us. It also captures the way Darwin's theory opened an entirely new window in the human imagination. It is possible to say, in fact, that humans did not begin to understand their place in nature until 1859.

This exhibition is useful, too, in reminding us that the controversy over evolution has been more or less constant since 1859, though it has reached a peak of political absurdity only in our own time. The basic objections to evolution - the ones trumpeted by the proponents of so-called intelligent design[1] - are essentially the ones Darwin described in the sixth chapter of "Origin"[2]. But Darwin did a surprisingly good job of forestalling his critics. He showed that most of the objections to his theory, then as now, were based on a misunderstanding of the nature of his argument, or were owing simply to the fact that so much remains to be discovered about the workings of life on Earth.

From: *The New York Times,* November 19, 2005

Annotations:

1 intelligent design *dt.* intelligentes Design

2 "Origin" reference to Darwin's book *The Origin of Species,* 1859; nicht zu übersetzen

Material 1

Religious right fights science for the heart of America

by Suzanne Goldenberg

Al Frisby has spent the better part of his life in rooms filled with rebellious teenagers, but the last years have been particularly trying for the high school biology teacher. He has met parents who want him to teach that God created Eve out of Adam's rib, and who insist that Noah invited dinosaurs aboard the ark. And it is getting more difficult to keep such talk out of the classroom.

"Somewhere along the line, the students have been told the theory of evolution is not valid," he said. "In the last few years, I've had students question my teaching about cell classification and genetics, and there have been comments from students saying: Didn't God do that?" In Kansas, the geographical centre of America, the heart of the American heartland, the state-approved answer might soon be Yes. In the coming weeks, state educators will decide on proposed curriculum changes for high school science put forward by subscribers to the notion of "intelligent design", a modern version of creationism. If the religious right has its way, and it is a powerful force in Kansas, high school science teachers could be teaching creationist material by next September.

Similar classroom confrontations between God and science are under way in 17 states, according to the National Centre for Science Education. In Missouri, state legislators are drafting a bill laying down that science texts contain a chapter on so-called alternative theories to evolution. Textbooks in Arkansas and Alabama contain disclaimers on evolution, and in a Wisconsin school district, teachers are required to instruct their students in the "scientific strengths and weaknesses of evolutionary theory". Last month, a judge in Georgia ordered a school district to remove stickers on school textbooks that warned: "This textbook contains material on evolution. Evolution is a theory, not a fact, regarding the origin of living things."

Notizen

For the conservative forces engaged in the struggle for America's soul, the true battleground is public education, the laboratory of the next generation, and an opportunity for the religious right to effect lasting change on popular culture. Officially, the teaching of creationism has been outlawed since 1987 when the Supreme Court ruled that the inclusion of religious material in science classes in public teaching was unconstitutional. In recent years, however, opponents of evolution have regrouped, challenging science education with the doctrine of "intelligent design", which has been carefully stripped of all references to God and religion. Unlike traditional creationism, which posits that God created the earth in six days, proponents of intelligent design assert that the workings of this planet are too complex to be ascribed to evolution. There must have been a designer working to a plan - that is, a creator.

In their campaign to persuade parents in Kansas to welcome the new version of creationism into the classroom, subscribers to intelligent design have appealed to a sense of fair play, arguing that it would be in their children's interest to be exposed to all schools of thought on the earth's origins. "We are looking for science standards that would be more informative, that would open the discussion about origins, rather than close it," said John Calvert, founder of the Intelligent Design network.

Other supporters of intelligent design go further, saying evolution is as much an article of faith as creationism. "Certainly there are clear religious implications," said William Harris, a research biochemist and co-founder of the design network in Kansas. "There are creation myths on both sides. Which one do you teach?" During the past five years, subscribers to intelligent design have assembled influential supporters in the state, including a smattering of people with PhDs, such as Mr Harris, to lend their cause a veneer of scientific credibility. When conservative Republicans took control of the Kansas state school board, the creationists seized their chance, installing supporters on the committee reviewing the high school science curriculum.

Jack Krebs, a high school maths teacher on the committee drafting the new standards, argues that the campaign against evolution amounts to a stealth assault on the entire body of scientific thought. "There are two planes where they are attacking. One is evolution, and one is science itself," he said. "They believe that the naturalist bias of science is in fact atheistic. And so this is really an attack on all of science."

It would certainly seem so in Kansas. At the first of a series of public hearings on the new course material, the audience was equally split between the defenders of established science and the anti-evolution rebels. In a crowded high school auditorium, biology teachers, mathematicians, a veterinarian, and a high school student made passionate speeches on the need for cold, scientific detachment, and the damage that would be done to the state's reputation and biotechnology industry if Kansas became known as a haven for creationists. They were countered by John James, who warned that the teaching of evolution led to nihilism, and to the gates of Auschwitz. But the largest applause of the evening was reserved for a silver-haired gentleman. "I have a question: if man comes from monkeys, why are there still monkeys? Why do you waste time teaching something in science class that is not scientific?" he thundered.

Science teachers believe that the genteel questioning of the intelligent design movement masks a larger project to discredit an entire body of rational thought. If the Kansas state school board allows science teachers to question evolution, where will it stop? Will religious teachers bring their beliefs into the classroom?

Notizen

"They are trying to create a climate where anything an individual teacher wants to include in science class can be considered science," said Harry McDonald, a retired biology teacher and president of Kansas Citizens for Science Education. "They want to redefine science."

Material 2

From: galleri.magiskamolekyler.org © 1993 by Patrick Hardin

Notizen

Lösungsvorschlag 2
So knacke ich die Aufgabe

Checkliste zur Selbsteinschätzung

Darüber sollten Sie Bescheid wissen:	Alles klar	Noch einmal nachlesen
I. Methodisches Wissen		
an der Aufgabenstellung erkennen, wonach gefragt ist		
Textstellen finden, die für die Aufgabenstellung relevant sind		
Kernaussagen des Textes in eigenen Worten zusammenfassen		
Aussagen des Textes und die daraus zu ziehenden Schlüsse gedanklich trennen		
korrektes Belegen und Zitieren		
II. Inhaltliches Wissen		
Grundzüge der beiden Evolutionstheorien, Darwin (naturwissenschaftlich) und Kreationismus (bibelbezogen)		eigene Notizen; Internetrecherche, z. B. bei: www.creationism.org; www.talkorigins.org; en.wikipedia.org
die Rolle des evangelikalen Protestantismus im Süden der USA *(religious right)*		eigene Notizen; en.wikipedia.org; www.besthistorysites.net
Grundzüge des amerikanischen Schulsystems, besonders mit Hinblick auf *public participation*		eigene Notizen; www.usastudyguide.com
III. Literaturwissenschaftliches Wissen		
Textaufbau erkennen und bezogen auf die Fragestellung auswerten		
Verwendung von Adjektiven, Nomen und Verben zur Darstellung von Meinung untersuchen		
Unterschied zwischen Tatsachen und Meinungen erkennen und beschreiben		
Möglichkeiten der Beeinflussung des Lesers erkennen und beschreiben		

Notizen

Aufgabenstellung

I.1 **Examine** how Al Frisby's professional experience has changed over the years.

Tipp: Worauf kommt es an?

Die Aufgabe I.1 ist dem Anforderungsbereich II (*analysis,* s. S. 16) zuzuordnen. Sie verlangt eine inhaltliche Beantwortung der Frage sowie eine Erklärung zur Entwicklung. Die Aufgabe sollte präzise, aber nicht ausschweifend bearbeitet werden. Bei Aufgaben aus dem Anforderungsbereich II wird in der Regel die Benennung von Textstellen zum Beleg des Gesagten erwartet.

Erwartungshorizont

Es soll erläutert werden, welchen Beruf Frisby ausübt und wie sich seine berufliche Erfahrung in den letzten Jahren aufgrund der religiösen Erfahrung einiger Amerikaner verändert hat.

Stichpunktlösung

- "high school biology teacher" (l. 2),
- used to "rebellious teenagers" (l. 1),
- more difficult in recent years to deal with parents who want to see biblical ideas introduced in science lessons (ll. 2 - 5),
- students have been taught biblical view at home and do not accept scientific view (e. g. on cell classification or genetics), as it should be taught in biology (ll. 6 - 9).

Erstellen Sie nun eine ausführliche Lösung (Stichpunktlösung zum Vergleich).

Aufgabenstellung

I.2 **Show** to what extent creationists and their ideas have been gaining ground within the school systems in Kansas and other American states.

Tipp: Worauf kommt es an?

Die Aufgabe I.2 ist dem Anforderungsbereich I (s. S. 14) zuzuordnen und verlangt die zusammenfassende, direkt auf die Fragestellung bezogene Darstellung der Textaussage mit eigenen Worten, eine erklärende Darstellung der im Text genannten Aspekte und deren Konsequenzen. Die Aufgabe sollte präzise, aber nicht ausschweifend bearbeitet werden.

Erwartungshorizont

Es soll zusammenfassend dargestellt werden, auf welchen Ebenen und mit welchem Erfolg die Verfechter der *„intelligent design"*-Idee bisher schon Einfluss auf das schulische Leben in mehreren Staaten der USA nehmen konnten.

Notizen

Arbeitsschritte

Was muss ich tun?	Alles klar
den Text im Zusammenhang lesen und unbekanntes Vokabular klären	
die Aufgabenstellung verstehen, Operatoren prüfen	
den Text lesen und die Aussagen zu den Aktivitäten der *„intelligent design"*-Bewegung markieren	
die Textstellen daraufhin untersuchen, auf welcher Ebene der Einfluss ausgeübt wird und mit welchem Erfolg	
den Erfolg, den die Aktivitäten insgesamt schon erreicht haben, beschreiben	
die Analyseergebnisse unter korrekter Angabe der benutzten Textstellen darstellen	

Stichpunktlösung

- Telling their children about their view of evolution and encouraging them to question what science teachers say (ll. 6 - 9),
- campaigning to convince parents of creationist ideas, arguing for fair treatment of different theories and using doubtful evidence to support their credibility (ll. 35 - 47),
- joining committees that think about changes in the science curriculum for state schools in Kansas (ll. 47 - 49),
- science teachers regard the movement as a real threat not only to the teaching of evolution, but to the teaching of science generally (ll. 66 - 72).

Erstellen Sie nun eine ausführliche Lösung (Stichpunktlösung zum Vergleich).

Aufgabenstellung

I.3 **Explain** in what ways the religious right's notion of creation has been modified over the past twenty years. What, according to the text, prompted this development?

Tipp: Worauf kommt es an?

Die Aufgabe I.3 ist dem Anforderungsbereich II (*analysis,* s. S. 16) zuzuordnen. Sie verlangt eine knappe inhaltliche Wiedergabe der Fakten, die im Text genannt werden. Die Aufgabe sollte präzise, aber nicht ausschweifend bearbeitet werden. Bei Aufgaben aus dem Anforderungsbereich II wird in der Regel die Benennung von Textstellen zum Beleg des Gesagten erwartet.

Erwartungshorizont

Es soll erläutert werden, in welcher Weise sich die Vorstellung von der Schöpfung in den letzten 20 Jahren in Amerika verändert hat.

Notizen

Stichpunktlösung

- Traditionally creationists believe in the literal interpretation of the Bible, i.e. that "God created the earth in six days" (l. 32),
- in 1987 the Supreme Court banned religious teaching from science classes (ll. 26 - 29),
- creationists claim that nature is too complex to have developed according to the rules of evolution only, so they say that there must have been some sort of creator (ll. 32 - 34),
- this view is called "intelligent design" and does not mention God, so it is not classed as religious (ll. 30/31).

Erstellen Sie nun eine ausführliche Lösung (Stichpunktlösung zum Vergleich).

Aufgabenstellung

I.4 **Sum up** the arguments advocates of intelligent design put forward for this doctrine. Why do they want it to be taught at school?

Tipp: Worauf kommt es an?

Die Aufgabe I.4 ist dem Anforderungsbereich I (s. S. 14) zuzuordnen und verlangt die zusammenfassende, direkt auf die Fragestellung bezogene Darstellung der Textaussage mit eigenen Worten, eine erklärende Darstellung der im Text genannten Aspekte und deren Konsequenzen.

Erwartungshorizont

Die Argumente, die Verfechter der *„intelligent design"*-Idee vertreten, sollen in eigenen Worten erläutert werden und es soll begründet werden, warum die Gruppe möchte, dass ihre Ideen Eingang in den Schulunterricht finden.

Stichpunktlösung

- Evolution is only a theory, and considering alternative theories such as intelligent design would help to give students a more "informative" (l. 39) picture so that they could make up their own mind about creation,
- evolution is also based on belief and assumptions which must be taken for granted and is therefore only another form of religion (ll. 41 - 44),
- the teaching of evolution leads to nihilistic ideas (l. 62), i.e. the belief that nothing is of value and that social institutions should be destroyed, and therefore also to extreme political forms like the Nazi regime (cf. Auschwitz, l. 62),
- school is the ideal place to influence the new generation and to secure a long-lasting effect for creationist ideas (ll. 24 - 26).

Erstellen Sie nun eine ausführliche Lösung (Stichpunktlösung zum Vergleich).

Notizen

Aufgabenstellung

I.5 According to the text, what implications for science as such does the current debate in Kansas have?

Tipp: Worauf kommt es an?

Die Aufgabe I.5 ist dem Anforderungsbereich I (s. S. 14) zuzuordnen und verlangt die zusammenfassende, direkt auf die Fragestellung bezogene Darstellung der Textaussage mit eigenen Worten, eine erklärende Darstellung der im Text genannten Aspekte und deren Konsequenzen. Die Aufgabe sollte präzise, aber nicht ausschweifend bearbeitet werden.

Erwartungshorizont

Es soll aufgezeigt werden, welche Konsequenzen aus der dargestellten religiösen Betrachtungsweise für die Naturwissenschaften im Text genannt werden.

Stichpunktlösung

- Scientific methods as such are questioned by challenging evolution (ll. 51/52),
- science is atheistic because it denies the existence of God and God's role as creator (ll. 53/54),
- creationists want to discredit rational thought and redesign science so that any personal theory or belief is equally valid and can be included (ll. 69 - 71).

Erstellen Sie nun eine ausführliche Lösung (Stichpunktlösung zum Vergleich).

Aufgabenstellung

I.6 **Analyse** how the text reflects the writer's attitude to creationist ideas. Give evidence from the text.

Tipp: Worauf kommt es an?

Die Aufgabe I.6 ist dem Anforderungsbereich II (*analysis,* s. S. 16) zuzuordnen. Sie verlangt eine Analyse der Art und Weise, wie der Text die Meinung des Autors in Bezug auf die kreationistische Denkweise deutlich werden lässt. Die Aufgabe sollte präzise, aber nicht ausschweifend bearbeitet werden. Es wird die Benennung von Textstellen zum Beleg des Gesagten erwartet.

Erwartungshorizont

Es soll analysierend dargestellt werden, mit welchen Mitteln der Autor seinen eigenen Standpunkt in der Frage der Einbeziehung der Schöpfungsgeschichte in den naturwissenschaftlichen Unterricht in Kansas und anderen amerikanischen Staaten indirekt verdeutlicht. Hier gilt es, Beispiele aus dem Text (in Bezug auf Wortwahl, Textaufbau etc.) als Beleg anzuführen.

Notizen

Stichpunktlösung

- Opening of text creates ridiculous image of science classes having to take Bible stories literally, including idea of dinosaurs in Noah's ark,
- fairly neutral second part of text (ll. 6 - 23) mainly stating facts,
- third part of text (ll. 24 - 65) describes creationist view using quotations, which make it look objective, and certain adjectives and nouns which give an insight into the writer's own view,
- final two paragraphs (ll. 66 - 73) sum up the threat which the movement presents to science and science teachers,
- beginning and end of text show writer's view - this is what readers will remember most - text clearly supports scientific view,
- choice of words: "struggle for America's soul" (l. 24), "battleground" (ll. 24/25), "thundered" (l. 65), e. g., show that writer believes the creationist movement is using almost militant means to achieve their aims,
- choice of words: "smattering" (l. 46), "veneer" (ll. 46/47), "stealth assault" (l. 51) and "genteel" (l. 66), e. g., show that the writer does not agree with the methods the movement uses to support its cause.

Erstellen Sie nun eine ausführliche Lösung (Stichpunktlösung zum Vergleich).

Aufgabenstellung

I.7 **Explain** the various meanings of the expression "heart" of America as used in the headline and the text (cf. I. 9).

Tipp: Worauf kommt es an?

Die Aufgabe I.7 ist dem Anforderungsbereich II (*analysis*, s. S. 16) zuzuordnen. Sie verlangt eine Benennung der zur Frage passenden Textstellen in eigenen Worten sowie deren Deutung im Vergleich zueinander. Bei Aufgaben aus dem Anforderungsbereich II wird meist ein Beleg durch Textstellen erwartet.

Erwartungshorizont

Es soll aufgezeigt werden, an welchen Stellen im Text der Ausdruck „heart of America" verwendet wird und was er im jeweiligen Fall bedeutet.

Stichpunktlösung

- Headline says it is all done "for the heart of America",
- the heart is a vital organ in the human body without which man cannot live, and it is also strongly connected with the idea of feelings and emotions,
- in the text "heart" refers to Kansas as the "geographical centre of America" (l. 9) on the one hand, and to the typically traditional and conservative Americans living in a mostly rural Midwest environment ("heart of the American heartland", ll. 9/10) on the other,
- the fight is a struggle for the American soul (l. 24), i. e. American culture and traditional values.

Erstellen Sie nun eine ausführliche Lösung (Stichpunktlösung zum Vergleich).

Notizen

Aufgabenstellung

II.1 There should be no ethical limits to science. **Discuss.**

Tipp: Worauf kommt es an?

Von Teil II ist nur eine der gestellten Aufgaben zu bearbeiten. Aufgabe II.1 ist dem Anforderungsbereich III (s. S. 20) zuzuordnen. Sie verlangt eine Darstellung unterschiedlicher Positionen zum gestellten Thema sowie eine abschließende begründete persönliche Stellungnahme dazu.

Erwartungshorizont

Nach einer Einleitung sollen Argumente für und gegen eine ethische Begrenzung naturwissenschaftlicher Forschung genannt und gegenübergestellt werden. Eine Illustration durch Beispiele ist erwünscht. Abschließend soll eine begründete persönliche Stellungnahme dazu erfolgen, welcher Position man selbst näher steht.

Stichpunktlösung

- Possible arguments to support the statement: scientific research should not be hindered by traditional belief: if Galileo Galilei had been stopped successfully, we would still believe the earth was a disc; progress is not possible if there are limits; man can only develop if thought is free ...,
- possible arguments against the statement: scientific research can lead to destruction; findings like how to build an atomic bomb are dangerous to mankind; scientists must be stopped if they do not feel responsible for their inventions; not everything that is possible is good, especially if it gets into the wrong hands; experiments on animals and human beings should not be allowed.

Erstellen Sie nun eine ausführliche Lösung (Stichpunktlösung zum Vergleich).

Aufgabenstellung

II.2 "The price of freedom of religion, or of speech, or of the press, is that we must put up with a good deal of rubbish."
(Robert Jackson) **Discuss.**

Tipp: Worauf kommt es an?

Aufgabe II.2 ist dem Anforderungsbereich III (s. S. 20) zuzuordnen. Sie verlangt eine Darstellung unterschiedlicher Positionen zum gestellten Thema sowie eine abschließende begründete persönliche Stellungnahme dazu.

Erwartungshorizont

Die Position Jacksons, dass Religions-, Rede- oder Pressefreiheit zwangsläufig zu einer Verbreitung von einer Menge Unsinn führt, soll diskutiert werden. Dazu sind neben einer Einleitung eine Gegenüberstellung von Gründen dafür und dagegen sowie eine abschließende begründete Benennung der eigenen Position nötig.

Notizen

Stichpunktlösung

- Freedom of religion, of speech, or of the press means that everyone can say what they want,
- some people will promote their ideas even though they are rejected by the majority of people because they do not make sense,
- although strange ideas are publicised, one can refuse to take notice of them,
- one does not have to put up with ideas one does not share, one can always challenge them,
- freedom of ideas also means freedom to dismiss ideas.

Erstellen Sie nun eine ausführliche Lösung (Stichpunktlösung zum Vergleich).

Aufgabenstellung

II.3 Why has religious fundamentalism become so appealing?

Tipp: Worauf kommt es an?

Aufgabe II.3 ist dem Anforderungsbereich III (s. S. 20) zuzuordnen. Sie verlangt eine begründete Darstellung möglicher Faktoren, die zu der genannten Entwicklung geführt haben.

Erwartungshorizont

Es wird erwartet, dass man Gründe dafür aufzeigt, warum religiöser Fundamentalismus heutzutage auf mehr Menschen eine Anziehungskraft ausübt. Die Illustration anhand von Beispielen, wie sich das Erstarken des Fundamentalismus zeigt, ist erwünscht.

Stichpunktlösung

- Vagueness of religious teaching in view of scientific discoveries,
- life in modern society has become very complex, and people need support,
- God is an idea more than a reality for rationally thinking people,
- simple-minded people prefer easy messages,
- religious fundamentalism provides easy answers to philosophical questions like why there is life on earth and how creation came about,
- religious fundamentalism often provides scapegoats for personal short-comings,
- e. g. fundamentalists in Iraq and Iran blame their own shortcomings on western governments and western people, and their uneducated followers only too readily believe them because they only see the difference between their life and that of Europeans and Americans but do not understand the reasons.

Erstellen Sie nun eine ausführliche Lösung (Stichpunktlösung zum Vergleich).

Notizen

Aufgabenstellung

II.4 Interpret the cartoon and answer the question.

Tipp: Worauf kommt es an?

Aufgabe II.4 ist den Anforderungsbereichen II (s. S. 16) und III (s. S. 20) zuzuordnen. Sie erfordert eine Analyse und eine begründete Antwort auf die im Cartoon gestellte Frage.

Erwartungshorizont

Es wird erwartet, dass der Cartoon beschrieben wird, wobei die Zeichnung und der Text einbezogen werden müssen. Darüber hinaus wird eine Interpretation der Aussage des Cartoons erwartet.

Stichpunktlösung

- Cartoon shows how, in the course of evolution, organisms became more and more highly developed - from fish to reptiles to apes to man,
- all forms of life that developed before homo sapiens were happy with what they had and did not question it - their only concern was to survive and multiply as the speech bubbles show,
- man is the first creature to ask questions and look for reasons and explanations ("what's it all about?"),
- even though man thinks about life and feels that he understands it, it is not clear to whose benefit that is ("what's it all about?"),
- if man had not begun to think about his existence, philosophical and religious disputes would not exist, so it is man himself who is to blame for his misery,
- on the other hand, reflecting on the world has led man to create communities, schools and art and to think about the welfare of fellow human beings.

Erstellen Sie nun eine ausführliche Lösung (Stichpunktlösung zum Vergleich).

Hinweis:
Der Aufgabenteil III (Translation) wird in diesem Lösungsvorschlag nicht behandelt.

Notizen

Trainingsaufgabe 3
Interpretation und Analyse – Sachtext

Aufgabentyp	Interpretation und Analyse
Material	Carla Power: "Understanding Hate". In: *Newsweek,* 23. Juli 2001
Thema	Multiculturalism in the UK
Niveau	Leistungskurs, Bearbeitungszeit 330 Minuten
Bewertungseinheiten	Keine Angabe

Aufgabenstellung

Assignments:

1. Explain the following sentence in its context: "They lit the match, and we were the gas for the explosion." (lines 10/11)
2. Name three features which are typical of an article from a quality newspaper or magazine. Give evidence from the text to support your answer.
3. In what way does the subheading reflect the situation in Bradford?
4. Outline the background and development of the Asian community in Bradford.
5. Choose one of the following topics.
   a) "The multiracial society can't work." (line 54) Discuss.
   b) Open borders – a gateway to crime? Give your opinion.
   c) "Courage – the ability to do sth. dangerous, or to face pain or opposition, without showing fear." (Oxford Advanced Learner's Dictionary, Oxford University Press 2000, p. 286)
   Describe a person in a situation, real or imaginary, to which this definition applies, at least in part.

Material

Understanding Hate

The lethal mix of racism and political correctness

by Carla Power

The BMW dealership on Bradford's Oak Road is a charred husk, full of twisted metal and shards of glass – the casualty of clashes between police, whites and Asians. The northern England town was the site of Britain's third riot this summer, and its worst; 281 policemen were injured and 36 troublemakers arrested. The unrest evoked the race clashes of Britain's tumultuous '60s and '70s, puncturing Tony Blair's carefully tended image of Cool Britannia, a cybersavvy and prosperous nation. The riot's immediate cause was a rumor that the National Front, a right-wing extremist group, planned to march. It didn't, but scuffles between Asian and white youths erupted into a full-blown battle. "If there's any winner in this, it's the National Front," observed shopkeeper Shouket Mahmoud. "They wanted to make Asians look bad, and they did. They lit the match and we were the gas for the explosion."

A highly combustible mix of racial division, summer heat and disadvantaged youths

Notizen

stoked the flames. And the Bradford riots highlighted some confounding paradoxes facing Britain. As it settles into its first century as a self-consciously multicultural society, the country is grappling to find a way to make diversity work. In the process, it swings wildly between racial violence and racial hypersensitivity. Bradford is a case in point: racial animosity lingers in the streets as a boardroom timidity keeps civic leaders, afraid of being labeled racists, from confronting it. A race review commissioned by a Bradford organization months ago, released last week, told of a city "in the grip of fear." Citizens aren't just afraid of drugs, violence and people unlike themselves. They're also afraid of talking openly and honestly "because of possible repercussions, recriminations, and victimization."

Consequently the riots shocked Bradfordians, but didn't surprise them. For years the city has been sliding into a de facto apartheid, with Asian, Afro-Caribbean and white communities living, working and studying separately. Last week's report chronicled white flight to the suburbs, near-segregated schools and a growing mistrust among communities. It also said the poor of all races feel beleaguered. [...]

In the 1960s and 1970s, immigrants from impoverished northern Pakistan came to work in the wool mills. But after the demise of British heavy industry, the jobs dried up. It's not that Bradford hasn't tried to adapt. On the contrary, the chamber of commerce and the Asian Business Link champion minority businesses. The Bradford police won a £257,000 (€ 422.502) Home Office grant to recruit minorities. Youth teams, women's groups and a junior university reach out to communities of color. But they're not able to reach far enough. On street corners, bored youths, Asian and white, say they confront naked racism every day. "Those white boys, they pass you in their cars and throw you dirties and that," says Imran Shah, 18. "The local police are racist. Even when I go to the petrol station, they make me pay in advance. Just me."

The issues are stark - but community leaders complain that when it comes to tackling Bradford's drugs, crime and thuggery, the dialogue turns too polite. "Political correctness, that's the problem," says M. A. Laher of the Bradford Council of Mosques. "At interfaith meetings, we all sit and have a bit of tea, but nobody is brave enough to say, 'Hey, there are some lads in your community who are making trouble.' Everyone's afraid of sounding racist."

That includes the police. Bradfordians recall the 1999 investigation into the London Metropolitan Police, citing "pernicious and institutional racism" in the force. Now, according to last week's report, citizens believe that rank-and-file officers, fearful of damaging their careers by being called racist, won't impose discipline on black and Asian offenders. Tellingly, Bradford police trying to quell the riots didn't use plastic bullets or water cannons - tools readily deployed a few days later in Belfast when cops confronted a mob of Irish nationalists.

The disconnect between street rage and official political correctness has fueled anger among many whites - and created opportunities for the far right. After May's riots in Oldham, the British National Party had its best results in the town in a generation, taking 16 percent of the vote. "The multiracial society can't work," says spokesman Phill Edwards. Most Britons would disagree, but they still have to find the courage to talk about *how* to make it work.

From: *Newsweek,* July 23, 2001

Notizen

Lösungsvorschlag 3
So knacke ich die Aufgabe

Checkliste zur Selbsteinschätzung

Darüber sollten Sie Bescheid wissen:	Alles klar	Noch einmal nachlesen
I. Methodisches Wissen		
relevante Teile eines Textes in eigenen Worten wiedergeben		
die Hauptaussage eines Textes darstellen		
Gliederung und Strukturierung der Argumentation des eigenen Textes		
sicherer Umgang mit Analysetechniken		
korrektes Belegen und Zitieren		
Verfassen eines fiktionalen Textes		
II. Inhaltliches Wissen		
asiatische Gemeinschaften in Großbritannien – Geschichte und Problematik		Recherche, z. B. in Zeitungen: www.guardian.co.uk, www.timesonline.co.uk, www.economist.com
Herausforderungen der multikulturellen Gesellschaft		Recherche auch in amerikanischen Zeitungen, z. B.: www.nytimes.com
das Konzept der *political correctness*		en.wikipedia.org/wiki/Political_correctness, msnbc.msn.com (Newsweek)
III. Literaturwissenschaftliches Wissen		
Kennzeichen von journalistischen Texten		
Strategien der Leserbeeinflussung		
Fachvokabular zur Textanalyse		

Notizen

Aufgabenstellung

1. **Explain** the following sentence in its context: "They lit the match, and we were the gas for the explosion." (lines 10/11)

Tipp: Worauf kommt es an?

Diese Aufgabe entspricht den Anforderungsbereichen I (s. S. 14) und II (s. S. 16). Zum einen sollen relevante Textpassagen in eigenen Worten wiedergegeben werden, zum anderen ist eine Analyse des Zitats nötig.

Erwartungshorizont

Es wird eine Einordnung des Zitats in den Textzusammenhang erwartet, die die Situation der aus dem indischen Subkontinent stammenden Bevölkerung in Bradford verdeutlicht. Außerdem ist es wichtig, die im Zitat benutzte Metapher zu erklären.

Stichpunktlösung

- Quote from *Understanding Hate* by Carla Power a metaphor showing difficult situation in Bradford,
- race riots provoked by National Front, a right-wing organisation,
- NF staged riots among Bradford's Asian community to gain support of people afraid of racial friction,
- concept works (ll. 52 - 54) - riots in another part of the UK led to growth in votes for British National Party.

Erstellen Sie nun eine ausführliche Lösung (Stichpunktlösung zum Vergleich).

Aufgabenstellung

2. **Name** three features which are typical of an article from a quality newspaper or magazine. Give evidence from the text to support your answer.

Tipp: Worauf kommt es an?

Die Aufgabe ist dem Anforderungsbereich II (s. S. 16) zuzuordnen; es wird ein Rückgriff auf im Unterricht Erarbeitetes erwartet. Kennzeichen journalistischer Texte sollen zunächst benannt und dann anhand von Beispielen aus dem Text verdeutlicht werden.

Erwartungshorizont

Hier geht es darum, passende Kennzeichen von seriösen Zeitschriftenartikeln auszuwählen, die sich anhand des Textes gut belegen lassen. Wichtig ist es, die Fachterminologie zu kennen und korrekt anzuwenden.

Stichpunktlösung

Typical features that could be illustrated are e. g.

- use of language:
  - vocabulary, e. g. "chronicled" (l. 25), "demise" (l. 29),

Notizen

- complexity of sentence structure: e.g. use of participle constructions (ll. 45 – 47), subordinate clauses,
- figurative language like the metaphor in the subheading or "the casualty of clashes ..." in l. 2 – shows use of *elevated register* in contrast to use of language in tabloids,
- ways of influencing the reader:
  - choice of words, e.g. opinion adjectives like "lethal" (subheading), "stark" (l. 38),
  - incorporation of quotations,
  - overall impression is one of information (e.g. information on survey and Bradford riot) combined with opinion in a balanced way – author does not appeal to sensationalism, but invites readers to reach their own conclusions by offering different perspectives.

Erstellen Sie nun eine ausführliche Lösung (Stichpunktlösung zum Vergleich).

Aufgabenstellung

3. In what way does the subheading reflect the situation in Bradford?

Tipp: Worauf kommt es an?

Hier ist kein Operator genannt; es ist daher schwierig, diese Aufgabe zuzuordnen. Es geht um eine Verbindung zwischen Überschrift und Text. Da diese Aufgabe über eine reine Textwiedergabe hinausgeht, gehört sie zum Anforderungsbereich II (s. S. 16). Die Hauptaussagen des Textes sollen benannt werden, indem Bezüge zwischen Titel und Text hergestellt werden.

Erwartungshorizont

Diese Aufgabe erfordert, eine Verbindung zwischen Titel und Text herzustellen. Hierzu müssen zunächst die beiden im Titel aufgeführten Themen genannt werden, bevor die entsprechenden Bezüge zum Text hergestellt werden. Damit wird die Hauptaussage des Textes herausgearbeitet und benannt. Diese sollte anhand des Textes belegt werden.

Stichpunktlösung

- Subheading takes up two main aspects of article: negative effect of racism and political correctness,
- on one hand, racial divisions normal in Bradford (ll. 23 – 27); proved by surveys and everyday experience of Asian people,
- on the other hand, political correctness and fear of being called racist prevent political leaders/police from taking necessary preventive action (ll. 18 – 22),
- these two factors have fatal effect – notion of Britain as multicultural society breaks down – social stability in communities like Bradford no longer guaranteed,
- (Carla Power) race riots a symptom of only outwardly united society; will lead to increase in right-wing agitation using racism plus political correctness (ll. 51 f.) in cases of social division/discontent,
- in effect, subheading is a summary of article.

Erstellen Sie nun eine ausführliche Lösung (Stichpunktlösung zum Vergleich).

Notizen

Aufgabenstellung

4. **Outline** the background and development of the Asian community in Bradford.

Tipp: Worauf kommt es an?

Diese Aufgabe entspricht dem Anforderungsbereich I (s. S. 14); es wird eine kurze, nicht zu detaillierte Wiedergabe der relevanten Textstellen in eigenen Worten erwartet.

Erwartungshorizont

Hier geht es um eine Darstellung der Textaussagen zur asiatischen Gemeinde in Bradford. Erwartet wird eine kurze, eigenständige Wiedergabe der relevanten Textstellen.

Stichpunktlösung

- Bradford's Asian community made up mostly of poor Pakistani immigrants who initially worked mainly in textile mills,
- jobs disappeared from early 1970s; radical changes in restructuring of British manufacturing,
- Asian community began competing with white majority for jobs,
- despite efforts to help Asian community (business organisations, police), everyday life continues to be marked by racism/segregation/"ghettoisation".

Erstellen Sie nun eine ausführliche Lösung (Stichpunktlösung zum Vergleich).

Aufgabenstellung

5a) "The multiracial society can't work." (line 54). **Discuss.**

Tipp: Worauf kommt es an?

Diese Aufgabe ist dem Anforderungsbereich III (s. S. 20) zuzuordnen. Es wird eine Erörterung *(comment)* gefordert. Dabei wird der Rückgriff auf im Unterricht Behandeltes und der Bezug zum in der Prüfung behandelten Text erwartet.

Erwartungshorizont

Es wird die eigenständige Erörterung des Themas erwartet. Gegensätzliche Positionen sollen dargestellt, mithilfe von Beispielen erläutert und kritisch reflektiert werden. Das Thema erlaubt Rückgriffe auf den Text.

Arbeitsschritte

Was muss ich tun?	Alles klar
die Aufgabenstellung und das Thema verstehen	
Operatoren prüfen	
den Text erneut lesen; das Zitat in den Textzusammenhang einordnen Leitfrage:	

Notizen

Was muss ich tun?	Alles klar
■ Gibt es im Text weitere Aussagen zu diesem Thema?	
mögliche Argumente für die im Zitat vorgegebene Position finden und mit Beispielen belegen; andere Positionen finden und mit Beispielen belegen	
Argumente in schlüssiger Form ordnen	
geeignete Konnektoren sammeln	
den Text schreiben	
beim abschließenden Lesen auf folgende Leitfragen achten: ■ Ist der Text klar gegliedert? ■ Ist die Argumentation sinnvoll? Sind die einzelnen Punkte logisch miteinander verknüpft (Konnektoren)? ■ Wird die eigene Meinung deutlich und ergibt sie sich aus dem Argumentationsgang?	
abschließende Fehlerkorrektur	

Notizen

Stichpunktlösung

Can a multiracial society work?

- question discussed by societies all over the world (especially in the UK with its long history of colonialism and subsequent immigration); different conclusions,
- on the one hand, spokesman of the British National Party, Phill Edwards, claims that it is not possible (l. 54); his point of view:
  - recurring race riots in Britain prove that a society cannot consist of different races and nationalities living peacefully together,
  - Britain's long tradition of seeking and implementing measures aimed at integration have proved ineffective (e.g. Bradford: people from different nationalities live in "de facto apartheid" (l. 24),
  - second and third generation immigrants, instead of blending into a Western culture, feel alienated from wider British society (e.g. the son of a completely integrated Muslim in the short story *My Son the Fanatic* by Hanif Kureishi),
  - they are responsible for violent attacks like, for example, those in the London underground on 7 July 2005,
- on the other hand, these young people only constitute a minority:
  - many children and grandchildren of immigrants face the problem of combining their own culture with Western ideas,
  - yet they manage to find common ground between these two and offer more colourful and interesting ways of life,
  - this process can be painful, as for Jesminder in the film *Bend it like Beckham,*
  - she struggles to find balance between her parents' expectations and her own dreams,
  - but as in case of Jesminder, for many descendants of immigrants the result is an increase in self-esteem,

- besides, majority of immigrants in UK live in peace and are influenced by society surrounding them just as they influence and enrich that society (e. g. Indian restaurants),
- intercultural influence is normal in all modern societies,
- intercultural learning, understanding and respect are majority ideals,

- making a complex multiracial society work is neither easy nor clear-cut, but is still an ideal worth looking and working for,
- personal statement: learn about yourself by learning about others.

Erstellen Sie nun eine ausführliche Lösung (Stichpunktlösung zum Vergleich).

Aufgabenstellung

5b) Open borders - a gateway to crime? **Give your opinion.**

Tipp: Worauf kommt es an?

Diese Aufgabe ist dem Anforderungsbereich III (s. S. 20) zuzuordnen. Es wird eine Erörterung *(comment)* gefordert. Dabei wird der Rückgriff auf im Unterricht Behandeltes und der Bezug zum in der Prüfung behandelten Text erwartet.

Erwartungshorizont

Es wird die eigenständige Erörterung des Themas erwartet. Gegensätzliche Positionen sollen dargestellt, mithilfe von Beispielen erläutert und kritisch reflektiert werden. Das Thema erlaubt Rückgriffe auf den Text.

Stichpunktlösung

The following aspects/ideas should be taken into consideration:

- already open borders between many EU states/Northern Ireland-Irish Republic/USA-Canada/Scandinavian states etc.,
- opposition to open borders due to fear of a) international crime, (e. g.) drugs from Holland to Germany, "people smuggling" (e. g.) from Africa/Asia to Europe, gunrunning (e. g.) from Irish Republic to Northern Ireland; b) illegal migrant workers, (e. g.) from Mexico to USA, from Africa to EU; c) asylum seekers/refugees; and now d) terrorists, (e. g.) from Middle East to EU/USA,
- such fears depend to some extent on type of border/frontier, i. e. a) sea frontier (e. g.) France/UK; b) land frontier (e. g.) Germany/Denmark, Russia/China; c) land frontier with geographical obstacle such as mountains (France/Spain) or river (Rhine between France/Germany, Rio Grande between Mexico/USA),
- open land frontiers without geographical obstacles cause most fear, but fully closed borders not possible without building walls/high fences (e. g.) Israel/Palestine, old Soviet block,
- conclusion: open borders may facilitate crime etc., but better than closed borders that hinder the free movement of people/goods - determined people will also find ways of crossing closed borders/frontiers.

Erstellen Sie nun eine ausführliche Lösung (Stichpunktlösung zum Vergleich).

Notizen

Aufgabenstellung

5c) "Courage – the ability to do sth. dangerous, or to face pain or opposition, without showing fear." (Oxford Advanced Learner's Dictionary, Oxford University Press 2000, p. 286)
Describe a person in a situation, real or imaginary, to which this definition applies, at least in part.

Tipp: Worauf kommt es an?

Diese Aufgabe ist dem Anforderungsbereich III (s. S. 20) zuzuordnen. Hier wird eine kreative Leistung gefordert. Es soll ein Begriff anhand einer Person oder einer Situation erläutert werden. Dies ist die freieste Teilaufgabe, erwartet wird aber dennoch der Rückgriff auf im Unterricht Behandeltes und der Bezug zum in der Prüfung behandelten Text.

Erwartungshorizont

Hier wird die kreative Erläuterung eines Begriffes erwartet. Dies kann auf verschiedene Weise erfolgen. Zum Ausgangspunkt soll eine bestimmte Situation gewählt werden, anhand derer der Begriff veranschaulicht wird.

Stichpunktlösung

The following aspects/ideas should be taken into consideration:

- consider dictionary definition of "courage": agree/disagree? Is it possible to be courageous even if you show fear?,
- in everyday life most examples of courage have to do with challenging prejudice/cruelty/rudeness etc.,
- many people keep silent or look the other way when faced with such behaviour because they feel embarrassed or they do not want to make a fuss or draw attention to themselves,
- those who do speak up or intervene are generally admired for their courage: (example) a woman walking her dog in the park challenged a man who was shouting at a small child – her intervention stopped this behaviour, but she risked the man turning on her.

Erstellen Sie nun eine ausführliche Lösung (Stichpunktlösung zum Vergleich).

Notizen

Trainingsaufgabe 1
Textanalyse – Sachtext

Aufgabentyp	Textanalyse
Material	Paul Wells: "A New Irish Migration". In: *Maclean's. Canada's Weekly Newsmagazine,* 22. August 2005 Sachtextauszug aus: *Newsweek International,* 15. Dezember 2003
Thema	Reverse migration
Niveau	Grundkurs, Bearbeitungszeit 210 Minuten
Bewertungseinheiten	160 Punkte

Notizen

Aufgabenstellung

I. Questions on the text

Read all the questions first, then answer them in the given order. Use your own words as far as is appropriate.

1. Describe the economic situation in Ireland in the 19th century and its demographic consequences. (10 P)
2. Explain the demographic 'revolution' that has taken place in recent years and analyse its reasons. (20 P)
3. Why does the writer mention the example of Kilkenny Castle? Show how he uses language to prove his point in lines 32 to 36. (10 P)
4. How does the writer see the impact of immigration on host countries? Give precise examples. (20 P)
5. In what ways is the introduction (ll. 1 – 15) different from the rest of the text? Analyse two characteristic features of each part. (20 P)

II. Composition

Choose one of the following topics. Write about 150 to 200 words. (40 P)

1. Migration: a chance and a risk.
2. "The only thing that overcomes hard luck is hard work." (Harry Golden) Discuss.
3. At the end of an exchange year in an English-speaking country you give a farewell speech at a school assembly. Write up the speech, including some of your experiences there.

III. Translation

Translate the following text into German. (40 P)

Forget those turn-of-the-century images of Dublin. The prewar city of James Joyce[1] is, of course, long gone. Dublin today is the base of an immigration surge that is transforming Ireland at a rate un-paralleled in speed and scale anywhere in Europe. And that has made the Emerald Isle[2] a test case for how Europe will deal with one of its greatest dilemmas – the need for, and discomfort with, immigrant labor.

Irish laws are still playing catch-up[3] with immigration. And they reflect the conflicting views the Irish have. Even as the country welcomes new workers, it is cracking down on immigration in other ways. Last year lawmakers modified legislation so as to deny automatic citizenship to children born in Ireland. This year the Supreme Court ruled that non-EU immigrant parents of Irish-born children are not automatically entitled to residency. This has created a great panic.

From: *Newsweek International,* Dec. 15 2003

Annotations

1 ***James Joyce*** *(1882 - 1941); one of the most important Irish writers, famous for his short stories and novels set in Dublin*

2 ***the Emerald Isle*** *dt. die Grüne Insel*

3 ***to play catch-up*** *to try to make as much progress as someone or something you are competing with*

Material

A New Irish Migration

Mr. Riley Wells is four years old this summer. His brother, Mr. Liam Wells, is two. They live in Arklow, County Wicklow, about an hour's drive south of Dublin. In Ireland.

The two high points of the summer so far were near-simultaneous visits from two exotic travelling delegations. Tom Duffy's legendary circus pitched its tent in a field outside Arklow for two nights. Uncle Paul[1] and Christina from Ottawa pitched their tent in the guest room of the Wells residence for a little while longer. Tom Duffy's circus came with tigers, prancing llamas, and three elephants. After the show one of the elephants wandered through the parking lot, munching distractedly on underbrush, until a circus handler tracked the beast down and scolded it back to its trailer. Paul and Christina came with a plastic dinosaur encased in a toy iceberg. Scale differences notwithstanding, this too was a hit.

Riley and Liam's father, my brother Mark, works these days for a pharmaceutical company. He didn't move to Ireland because our family comes from there. This wasn't a return to cultural roots. It was simple economic migration: Mark moved to good work for good pay in a good place to live.

Which makes him part of a revolution.

Practically everyone has heard of Ireland's economic miracle, which transformed the country from perennial loser to Celtic Tiger[2]. From 1993 to 2001, its economy grew at a staggering annual rate of 8.4 per cent, three times that of the rest of the European Union.

What's less obvious is that success has reversed a historic flow of human traffic. For 100 years after the Irish potato famine of the 1840s Ireland was a place you left if you possibly could. In 1961, Ireland's population reached its lowest point in modern history, 2.8 million people, less than half its pre-famine tally of 6.5 million in 1841.

For generations, as the former Irish prime minister Garret FitzGerald put it during a recent speech "no more than half of each age cohort was alive in Ireland at 35. In the early part of the period, they died of TB or some other mortality. And the rest emigrated."

Irish emigration fueled Canadian politics (Brian Mulroney, Jean Charest), U.S. presidential races (Kennedy, Reagan, Clinton), Argentine literature (Juan Jose Delaney). The Irish found fortune everywhere except Ireland. We visited Kilkenny Castle, which becomes a little less grand when you learn its story: its owner had to auction off all the furniture

Notizen

in 1955 and finally sold the old hulk to the Irish state for £50 12 years later. By 1958, the wreck of Ireland was complete.

So Ireland's leaders asked themselves, "Suppose we do the opposite to everything we're doing so far and see how that works?" Ireland replaced protectionism with a wide-open economy. Ireland joined the European community, cut business taxes sharply, invested heavily and for decades in public education. It took decades for these changes to pay off, but eventually the Irish discovered good luck makes good luck. Irish citizens stopped flooding out of the country in the 1960s. By the 1990s, there weren't enough Irish to do all the work. The work started coming to Ireland.

Ireland's population is only four million, yet by one estimate, from 1995 - 2000 a quarter of a million people immigrated to Ireland, only half of them returning Irish. Since then the pace has only increased. In May 2004, 10 new countries joined the European Union. Only Sweden, Britain and Ireland allowed residents of those countries to move in and work right away. In hardly more than a year, 85,000 Eastern Europeans have arrived to work. The woman who checked us into our Dublin hotel was Czech. There's a Polish pub in Limerick, where the local newspaper runs weekly columns in Polish and Chinese.

Dan McLaughlin, chief economist of the Bank of Ireland Group, has predicted that this immigration will fuel a new "Celtic Tiger II" boom: in an economy constrained only by the amount of manpower, every new arrival contributes directly to the nation's bottom line. Ireland was always a good place to visit, but as the Wellses of Arklow have learned, now you want to live there. After giving so much to the world for so long, Ireland is finally ready to take some of the world back.

From: Paul Wells in: *Maclean's, Canada's Weekly Newsmagazine,* August 22nd 2005

Notizen

Annotations

1 ***Uncle Paul*** *Paul Wells, writer of the article*

2 ***Celtic Tiger*** *term used for the recent economic boom in Ireland*

Lösungsvorschlag 1
So knacke ich die Aufgabe

Checkliste zur Selbsteinschätzung

Darüber sollten Sie Bescheid wissen:	Alles klar	Noch einmal nachlesen
I. Methodisches Wissen		
Herausarbeiten von zentralen Aussagen		
relevante Teile eines Textes in eigenen Worten wiedergeben		
Gliederung und Strukturierung der Argumentation des eigenen Textes		
sicherer Umgang mit Analysetechniken		
korrektes Belegen und Zitieren		
Konzeption einer Rede		
sicherer Umgang mit Übersetzungstechniken		
II. Inhaltliches Wissen		
Irland – Geschichte und neueste Entwicklungen		Internetrecherche, z. B. bei: www.answers.com
Migration – Gründe und Probleme		en.wikipedia.org; www.about.com
III. Literaturwissenschaftliches Wissen		
Fachvokabular zur Textanalyse, speziell zu Zeitungsartikeln		
Möglichkeiten der Rezeptions- bzw. Leserlenkung		people.howstuffworks.com (Menüpunkt Culture & Traditions)

Aufgabenstellung

I.1 **Describe** the economic situation in Ireland in the 19th century and its demographic consequences.

Tipp: Worauf kommt es an?

In Teil I müssen alle Aufgaben bearbeitet werden. Insgesamt gibt es 80 Punkte, d. h. $\frac{2}{3}$ der zu erreichenden Punkte. Alle Teilaufgaben können und sollen ausgehend vom Text beantwortet werden.

Die Aufgabe I.1 gehört zum Anforderungsbereich I (s. S. 14), ein Teil des Textes (Z. 21 – 34) soll in eigenen Worten wiedergegeben werden.

Notizen

Erwartungshorizont

Es gilt, ausgehend vom Text die ökonomische Situation in Irland im 19. Jahrhundert und die daraus entstandenen Konsequenzen zu beschreiben.

Stichpunktlösung

- Disastrous economic situation in 19th century Ireland; 1840s potato famine; many died of starvation; others emigrated,
- demographic consequences: decline in population; Irish cultural/economic influence grew elsewhere (e. g. America, Australia).

Erstellen Sie nun eine ausführliche Lösung (Stichpunktlösung zum Vergleich).

Aufgabenstellung

I.2 **Explain** the demographic 'revolution' that has taken place in recent years and analyse its reasons.

Tipp: Worauf kommt es an?

Diese Aufgabe betrifft den Anforderungsbereich II (s. S. 16), die Zeilen 35 - 55 sollen wiedergegeben und analysiert werden.

Erwartungshorizont

Die Aufgabenstellung erfordert zunächst eine Wiedergabe der im Text beschriebenen wirtschaftlichen Entwicklung Irlands in den zwei letzten Jahrzehnten, der eine Analyse der Gründe für diesen Aufschwung folgen soll.

Stichpunktlösung

- Demographic "revolution": emigration reversed; foreign workers from expanded EU welcomed,
- changes in economic policies since 1960s; open economy; Ireland joined EU; economic boom,
- investment in education; young, well-educated workforce,
- business taxes cut; new businesses attracted; increased prosperity.

Erstellen Sie nun eine ausführliche Lösung (Stichpunktlösung zum Vergleich).

Aufgabenstellung

I.3 Why does the writer mention the example of Kilkenny Castle? Show how he uses language to prove his point in lines 32 to 36.

Tipp: Worauf kommt es an?

Auch diese Aufgabe ist dem Anforderungsbereich II (s. S. 16) zuzuordnen; es soll ein Beispiel aus dem Text erklärt und hinsichtlich des Sprachgebrauchs erläutert werden.

Notizen

Erwartungshorizont

Hier soll mithilfe einer sprachlichen Analyse erläutert werden, warum Kilkenny Castle ein anschauliches Beispiel für den Niedergang Irlands ist, d. h., es ist nötig, die vorliegende Beschreibung von Kilkenny Castle hinsichtlich ihrer positiven oder negativen Besetzung genau zu untersuchen. Welche Wirkung will der Autor bei den Lesern erzielen?

Stichpunktlösung

- Kilkenny Castle symbolises what happened to Ireland 1840 - 1960,
- language examples: "old hulk" (l. 33) contrasts with the "grand" (l. 32); impressive from outside: empty and derelict inside; owner had to "auction off all the furniture" (l. 32),
- metaphor for Ireland: lost much of its population in the 19th/20th century; "By 1958, the wreck of Ireland was complete." (ll. 33 f.).

Erstellen Sie nun eine ausführliche Lösung (Stichpunktlösung zum Vergleich).

Aufgabenstellung

I.4 How does the writer see the impact of immigration on host countries? Give precise examples.

Tipp: Worauf kommt es an?

Hier ist wieder der Anforderungsbereich I (s. S. 14) gemeint. Im Text sollen Beispiele für die Bedeutung von Immigration gesucht werden.

Erwartungshorizont

Diese Aufgabe bezieht sich zum einen auf den Einfluss der Iren in den Ländern, in die sie emigrierten (Z. 29 - 30), zum anderen auf die Menschen, die seit 1995 etwa aus dem Osten Europas nach Irland gekommen sind (Z. 46 - 55).

Stichpunktlösung

- Various impacts of immigration,
- Canada and USA: important politicians have Irish ancestors,
- Argentina: famous writer,
- modern Ireland; influx of workers from expanded EU; new economic power.

Erstellen Sie nun eine ausführliche Lösung (Stichpunktlösung zum Vergleich).

Aufgabenstellung

I.5 In what ways is the introduction (ll. 1 - 15) different from the rest of the text? **Analyse** two characteristic features of each part.

Tipp: Worauf kommt es an?

Die Aufgabe gehört zum Anforderungsbereich II (s. S. 16), der unterschiedliche Sprachgebrauch in Einleitung und Hauptteil soll beschrieben und untersucht werden.

Notizen

Erwartungshorizont

Hier sollen unterschiedliche Stilebenen aufgezeigt werden. Sind die beiden Textteile eher erzählend oder analytisch? Woran wird das deutlich?

Stichpunktlösung

Contrast between introduction (ll. 1 - 15) and body of article.

Introduction: story of Wells family

- fictional style,
- why they moved to Ireland; personal perspective; children and father highlighted; picture of happy normal family; circus; visit from Canadian relatives; repetition of "good" (l. 14/15),
- everyday setting, simple language, short sentences, no statistics.

Body of article: history of modern Ireland

- abstract, informative, analytic style, impersonal, neutral,
- recent developments in economy and social make-up of country,
- figures and statistics to support claims (ll. 23 ff., ll. 42/43); only one further reference to Wells family (l. 31: "We"),
- repeated enumeration (ll. 29 - 30, ll. 36 - 38); parallelism ("Ireland replaced ..., Ireland joined ..., cut ..., invested ..."): devices help transmit information succinctly.

Erstellen Sie nun eine ausführliche Lösung (Stichpunktlösung zum Vergleich).

Aufgabenstellung

II.1 Migration: a chance and a risk.

Tipp: Worauf kommt es an?

In Teil II gibt es drei Aufgaben, von denen **eine** auszuwählen ist. Aufgabe II.1 ist dem Anforderungsbereich III (s. S. 20) zuzuordnen: Ein Thema soll erörtert werden.

Erwartungshorizont

Chancen und Risiken der Migration sollen benannt, mit Beispielen belegt und beurteilt werden, bevor abschließend ein, durchaus auch persönliches, Resümee gezogen wird.

Stichpunktlösung

Comment: migration - chance and risk

- Straightforward topic; reflect on positive and negative aspects of migration,
- opportunities enjoyed by migrants: e.g. new start in a new country,
- better chances in new country,
- for the host country: new influx into workforce,
- risks of migration: e.g. sometimes people risk and lose their lives when they leave their home countries,
- disappointment and unfulfilled expectations,
- problems such as cultural clash, rejection in host country.

Erstellen Sie nun eine ausführliche Lösung (Stichpunktlösung zum Vergleich).

Notizen

Aufgabenstellung

II.2 "The only thing that overcomes hard luck is hard work." (Harry Golden)
Discuss.

Tipp: Worauf kommt es an?

Aufgabe II.2 ist dem Anforderungsbereich III (s. S. 20) zuzuordnen. Es soll ein Thema auf klassische Weise erörtert werden.

Erwartungshorizont

Aufgabe 2 bezieht sich wie Aufgabe 1 inhaltlich auf das Thema „Migration". Während in Aufgabe 1 das Thema klar angegeben wird, ist Aufgabe 2 weiter gefasst, doch auch hier lässt sich der Bezug zur Migration („hard luck") finden. Die These ist schon vorgegeben, d. h., sie muss erläutert werden, bevor Pro-und-Kontra-Argumente abgewogen werden können und eine abschließende Bewertung der These vorgenommen werden kann.

Stichpunktlösung

Comment: Harry Golden quotation; open topic; loose connection to migration

- Explain what quotation means; show connection to migration,
- give own opinion about quotation; arguments for and/or against idea expressed there; draw balanced conclusion,
- ideas in favour: people should not use disadvantages in life as an excuse; many people managed to be successful in their lives, even though they had a bad start; "from rags to riches"; everyone responsible for his/her own life,
- ideas against: overly simple; people with problems should blame themselves for not being successful; cannot simply be true that people in countries with economic problems are to blame for their situation; not everything can be overcome by hard work, e. g. illness or physical/mental disability, effects of prejudice/racism.

Erstellen Sie nun eine ausführliche Lösung (Stichpunktlösung zum Vergleich).

Aufgabenstellung

II.3 At the end of an exchange year in an English-speaking country you give a farewell speech at a school assembly. **Write up** the speech, including some of your experiences there.

Tipp: Worauf kommt es an?

Auch diese Aufgabe gehört zum Anforderungsbereich III (s. S. 20), hier geht es darum, eine Rede zu konzipieren, die eigene Erfahrungen im Ausland reflektiert.

Erwartungshorizont

Auch hier könnte ein Bezug zum Thema „Migration" gefunden werden, z. B. bei Anfangserfahrungen im Ausland, wie beispielsweise Sprachschwierigkeiten oder das Finden neuer Freunde. Hauptsächlich geht es jedoch darum, Erfahrungen im Ausland in ansprechender Form zu formulieren.

Notizen

Arbeitsschritte

Was muss ich tun?	Alles klar
Aufgabenstellung verstehen, Operatoren prüfen	
Voraussetzungen klären: ▪ Wer ist mein Publikum? ▪ Was ist das Thema der Rede? ▪ Was ist das Ziel meiner Rede?	
ein Brainstorming zum Thema „Auslandsaufenthalt" durchführen	
Ideen ordnen: Hauptpunkte, Beispiele ...	
die Einführung entwickeln: Aufmerksamkeit herstellen	
das Ende planen: Zusammenfassung und persönliches Fazit	
Text schreiben	
Rede noch einmal lesen: ▪ Spricht die Rede das Publikum an? ▪ Gibt es einen klaren roten Faden?	
abschließende Fehlerkorrektur	

Stichpunktlösung

Opening: Hello everybody. My name is ... and I'm sure most of you have seen me around throughout the last year. I'm from Germany and spent the last year at your school, which was a truly amazing experience. But as Oscar Wilde already said: "Experience is the name everyone gives to their mistakes." I would like to tell you about my experiences - or mistakes? - during this year.

Body of speech: Topics to be addressed could be
- problems at the beginning: language, making friends, dealing with new/strange situations, cultural differences,
- experiences: How did I change? What have I learned?,
- What am I taking away/home with me?

Conclusion: These experiences are only a small part of what I could tell you. This year has certainly changed me, and I would like to thank you all for your help and support. Thank you!

Erstellen Sie nun eine ausführliche Lösung (Stichpunktlösung zum Vergleich).

Hinweis:
Der Aufgabenteil III (Translation) wird in diesem Lösungsvorschlag nicht behandelt.

Notizen

Trainingsaufgabe 2
Interpretation und Analyse – Sachtext mit Foto

Notizen

Aufgabentyp	Interpretation und Analyse unter Einbeziehung einer Bildaufgabe
Material	"Embracing Illegals". In: *Business Week,* 18. Juli 2005
Thema	The influence of illegal immigrants on the American economy
Niveau	Leistungskurs, Bearbeitungszeit 300 Minuten
Bewertungseinheiten	Keine Angabe

Aufgabenstellung

1. Summarize the Valenzuelas' story and explain how it became possible.
2. Point out in what ways the magazine cover illustrates their story and supports the information given in the text.
3. Examine the journalist's attitude towards people such as the Valenzuelas by analysing his language.
4. Compare the Valenzuelas' story to that of Cándido and América in T. C. Boyle's novel *The Tortilla Curtain.* Limit yourself to the most important details.
5. Explain in a letter to the editor of *Business Week* whether U. S. immigration policy should be liberalized or whether the current restrictions should be maintained.

Material

Embracing Illegals

Companies are getting hooked on the buying power of 11 million undocumented immigrants

Inez and Antonio Valenzuela are a marketer's dream. Young, upwardly mobile, and ready to spend on their growing family, the Los Angeles couple in many ways reflects the 42 million Hispanics in the U.S. Age 30 and 29, respectively, with two daughters, Esmeralda, 8, and Maria Luisa, 2 months, the duo puts in long hours, working 4 p.m. to 2 a.m., six days a week, at their bustling streetside taco trailer. From a small sidewalk stand less than two years ago, they built the business into a hot destination for hungry commuters. The Valenzuelas (not their real name) bring in revenue well above the U.S. household average of $43,000, making them a solidly middle-class family that any U.S. consumer-products company would love to reach.

But Inez and Antonio aren't your typical American consumers. They're undocumented immigrants who live and work in the U.S. illegally. When the couple, along with Esmeralda, crossed the Mexican border five years ago, they had little money, no jobs, and lacked basic documents such as Social Security numbers. Guided by friends and family, the couple soon discovered how to navigate the increasingly above-ground world of illegal residency. At the local Mexican consulate, the Valenzuelas each signed up for an identification card known as a *matrícula consular,* for which more than half the applicants are undocumented immigrants, according to the Pew Hispanic center, a Washington think tank. Scores of financial institutions now accept it for bank accounts, credit cards, and car loans. Next, they applied to the Internal Revenue Service for individual tax identification numbers (ITINs), allowing them to pay taxes like any U.S. citizen - and there by to eventually get a home mortgage.

Today, companies large and small eagerly cater to the Valenzuelas - regardless of their status. In 2003 they paid $11,000 for a used Ford Motor Co. van plus $70,000 more for a gleaming new 30-foot trailer that now serves as headquarters and kitchen for their restaurant. A local car dealer gave them a loan for the van based only on Antonio's *matrícula* card and his Mexican driver's license. Verizon Communications Inc. also accepted his *matrícula* when he signed up for cellphone service. So did a Wells Fargo & Co. branch in the predominantly Hispanic neighborhood in northeast Los Angeles where they live. Having a bank account allows them to pay bills by check and build up their savings. Their goal: to trade up from a one-bedroom rental to their own home. Eventually, they also hope to expand their business by buying several more trailers. *Matrícula* holders like the Valenzuelas are "bringing us all the money that has been under the mattress", says Wells Fargo branch manager Steven Contreraz.

Growth Engine

(...)

The corporate Establishment's new hunger for the undocumenteds' business could have far-reaching implications for America's stance on immigration policy, which remains unresolved. Corporations are helping, essentially, to bring a huge chunk of the underground economy into the mainstream. By finding ways to treat illegals like any other consumers, companies are in effect legalizing - and legitimizing - millions of people who technically have no right to be in the U.S. It's even happening in mirror image, with some Mexican companies setting up programs to follow customers who move to the U.S. All this knits the U.S. and Mexico closer together, further blurring the border and population distinctions.

The economic impact could be significant. While most analysts peg the number of illegal immigrants at 10 million to 11 million, a recent study by Bear Stearns Asset Management concluded that data on housing permits, school enrollment, and foreign remittances suggests there could be as many as 20 million. Either way, experts agree that the undocumented, a majority of whom are Hispanic, are one of the nation's largest sources of population growth. They add 700,000 new consumers to the economy every year, more even than the 600,000 or so legal immigrants, according to Pew's new study. What's more, 84 % of illegals are 18-to-44-year-olds, in their prime spending years, vs. 60 % of legal residents.

From: *Business Week,* July 18, 2005, pp. 43/44.

Notizen

Annotations

1 ***marketer*** *s. o. who sells goods or services*
5 ***taco trailer*** *cheap mobile restaurant selling Mexican food*
7 ***revenue*** *income*
14 ***to navigate*** *to find one's way; to understand or deal with something complicated*
21 ***home mortgage*** *a legal arrangement in which you borrow money from a bank in order to buy a house*
30 ***to trade up*** *to replace sth. you have with sth. better*
35 ***stance on*** *attitude towards*
43 ***to peg*** *to set sth. at a particular level*
45/46 ***remittance*** *a sum of money that is sent to sb. (Geldüberweisung)*

Cover of *Business Week,* July 18, 2005

Hilfsmittel

Den Prüflingen stehen einsprachige sowie für den schulischen Gebrauch geeignete zweisprachige Wörterbücher der Allgemeinsprache (deutsch-englisch/englisch-deutsch) zur Verfügung.

Notizen

Lösungsvorschlag 2
So knacke ich die Aufgabe

Checkliste zur Selbsteinschätzung

Darüber sollten Sie Bescheid wissen:	Alles klar	Noch einmal nachlesen
I. Methodisches Wissen		
Herausarbeiten von zentralen Aussagen		eigene Notizen; Klausur-Vor-/-Nachbereitung
relevante Teile eines Textes in eigenen Worten wiedergeben		
Bildbeschreibung		
Gliederung und Strukturierung der Argumentation des eigenen Textes		
sicherer Umgang mit Analysetechniken, auch in Bezug auf Bilder		
korrektes Belegen und Zitieren		
II. Inhaltliches Wissen		
die Vereinigten Staaten		eigene Notizen; Internetrecherche, z. B. bei: en.wikipedia.org
Immigration von Südamerika nach Nordamerika		Center for Immigration Studies at www.cis.org; www.immigrationinformation.org
genaue Kenntnisse des Romans *The Tortilla Curtain*		
III. Literaturwissenschaftliches Wissen		
Möglichkeiten der Rezeptions- bzw. Leserlenkung		
Fachvokabular zur Textanalyse		
formale Kriterien eines Leserbriefs		

Notizen

Aufgabenstellung

1. **Summarize** the Valenzuelas' story and explain how it became possible.

Tipp: Worauf kommt es an?

Die Aufgabe ist dem Anforderungsbereich I (s. S. 14) zuzuordnen. Es müssen zentrale Textaussagen in eigenen Worten wiedergegeben und untersucht werden.

Erwartungshorizont

In dieser Aufgabe soll dargestellt werden, wie das Leben der mexikanischen Familie in den USA verlaufen ist und warum dieses Leben so möglich war. Alle nötigen Informationen dazu finden sich im Text; diese müssen klar und in eigenen Worten wiedergegeben werden. Außerdem ist es wichtig, sich auf die Aufgabenstellung zu konzentrieren und nicht den gesamten Text zu referieren.

Stichpunktlösung

- Valenzuelas entered USA illegally from Mexico five years ago,
- now own small business – taco trailer,
- took advantage of semi-legal world of immigration; help of friends and family; obtained necessary documentation; *matrícula consular;* tax identification number,
- good financial standing; pay taxes; obtained loans for trailer, cellphone contract,
- earn more than the average American family; attractive to American economy,
- Valenzuelas made life for themselves in the USA.

Erstellen Sie nun eine ausführliche Lösung (Stichpunktlösung zum Vergleich).

Aufgabenstellung

2. **Point out** in what ways the magazine cover illustrates their story and supports the information given in the text.

Tipp: Worauf kommt es an?

Diese Aufgabe ist dem Anforderungsbereich II (s. S. 16) zuzuordnen. Das Cover einer Zeitschrift soll dahingehend untersucht werden, wie es die Aussagen des Textes unterstützt und verdeutlicht.

Erwartungshorizont

Die Aufgabenstellung erfordert zunächst eine kurze allgemeine Beschreibung des Bildes, bevor aufgezeigt werden kann, wie das Bild die Aussagen des Textes (ausgehend von Aufgabe 1) verdeutlicht und unterstützt. Dabei geht es vor allem um die Unterschiede in den beiden Bilderhälften. Einzelheiten sind wichtig, denn sie zeigen die Entsprechungen zum Text.

Notizen

Arbeitsschritte

Was muss ich tun?	Alles klar
Aufgabenstellung verstehen, Operatoren prüfen	
Details des Bildes beschreiben	
den Text erneut lesen; dabei die Textpassagen, die den Bildaussagen entsprechen, unterstreichen	
Ideen gewichten und gliedern	
Text schreiben	
abschließende Fehlerkorrektur	

Stichpunktlösung

Cover picture shows man divided into two halves:

- left side: jeans and work-shirt; leaving border; symbolised by high barbed wire fence; carrying possessions in plastic bag; threatening atmosphere; dark, subdued colours,
- right side: better quality clothes; carrying shopping in paper bags; approaching suburban house; happy and contented expression; vivid light colours,
- changes in life of immigrant family: from illegal flight across border into life that constantly improves,
- caption highlights positive attitude of North American business towards immigrants; starting to realise economic impact of immigrants when given chance to earn money and prosper.

Erstellen Sie nun eine ausführliche Lösung (Stichpunktlösung zum Vergleich).

Aufgabenstellung

3. **Examine** the journalist's attitude towards people such as the Valenzuelas by **analysing** his language.

Tipp: Worauf kommt es an?

Diese Aufgabe gehört zum Anforderungsbereich II (s. S. 16). Die im Artikel verwendete Sprache soll untersucht werden, um die Position des Autors in Bezug zu den beschriebenen Personen aufzuzeigen.

Erwartungshorizont

Um die Haltung des Autors gegenüber den geschilderten Personen herauszuarbeiten, müssen drei sprachliche Ebenen untersucht werden: erstens der Ton des Textes, der eher allgemein die Haltung aufzeigt, zweitens sich wiederholende Strukturen, wie z. B. der wiederkehrende positive Bezug zum Kaufverhalten der Familie, und drittens die Wortebene. Eine Frage dazu wäre etwa: Benutzt der Autor Adjektive oder andere Wörter, die seine Meinung zeigen oder die Meinung des Lesers beeinflussen? Die Erkenntnisse müssen am Text belegt werden und am Ende sollte ein Fazit stehen.

Notizen

Stichpunktlösung

- Positive image: spending power supports American economy/society,
- use of language: positive adjectives and expressions; "marketer's dream" (l. 1), "solidly middle-class" (l. 8), "upwardly mobile" (l. 1), "gleaming new 30-foot trailer" (l. 24),
- tone of article: friendly towards economic power of families like Valenzuelas; references to money mostly positive; "ready to spend on their growing family" (l. 2), "revenue well above the U. S. household average" (ll. 7/8),
- positive impact of this money on U. S. economy: high expectations of U. S. business; "corporate Establishment's new hunger for the undocumenteds' business ..." (l. 34), "huge chunk of the underground economy" (ll. 36/37),
- formerly "undocumented" (l. 10) and "illegaly" (l. 11) immigrants now "aboveground" (l. 14).

Erstellen Sie nun eine ausführliche Lösung (Stichpunktlösung zum Vergleich).

Aufgabenstellung

4. **Compare** the Valenzuelas' story to that of Cándido and América in T. C. Boyle's novel *The Tortilla Curtain.* Limit yourself to the most important details.

Tipp: Worauf kommt es an?

Diese Aufgabe entspricht dem Anforderungsbereich III (s. S. 20). Die Hauptpersonen des Romans *Tortilla Curtain* sollen mit den im Artikel beschriebenen Personen verglichen werden. Es gibt keine Einschränkung dahingehend, ob Gemeinsamkeiten oder Unterschiede aufgezeigt werden sollen, es sollen jedoch nur die wichtigsten Punkte genannt werden.

Erwartungshorizont

Diese Aufgabe zielt auf einen Vergleich zwischen der im Text beschriebenen Familie und Cándido und América aus *Tortilla Curtain.* Dazu sollen Gemeinsamkeiten und vor allem die Unterschiede zwischen beiden Familien benannt und erläutert werden. Hierzu ist die genaue Kenntnis der Ereignisse im Roman nötig, um darstellen zu können, warum Cándido und América letztendlich scheitern, die Valenzuelas aber anscheinend erfolgreich sind.

Stichpunktlösung

Cándido and América's story contrasts with that of Valenzuelas

- also start life in USA by crossing the border from Mexico as illegal immigrants dreaming of a better life; also "young, upwardly mobile, and ready to spend on their growing family" (l. 1/2),
- life turns out differently for them; series of disasters; optimistic beginnings come to nothing,
- do not give up; always look for ways out of troubles; doomed to fail in the end,
- main difference between two couples is reception they get in USA,
- Valenzuelas find help in family and friends; American society welcomes them; lets

Notizen

them be as they are; realises they might be useful in return; sense of value; small beginnings successful,
- contrast to ignorance and racism experienced by Cándido and América.

Erstellen Sie nun eine ausführliche Lösung (Stichpunktlösung zum Vergleich).

Aufgabenstellung

5. **Explain** in a letter to the editor of *Business Week* whether U. S. immigration policy should be liberalized or whether the current restrictions should be maintained.

Tipp: Worauf kommt es an?

Auch diese Aufgabe ist dem Anforderungsbereich III (s. S. 20) zuzuordnen. Hier geht es um eine kreative Aufgabe, es soll ein Leserbrief verfasst werden, der von dem vorliegenden Text ausgeht. Die Aufgabenstellung gibt das Thema des Leserbriefes schon vor.

Erwartungshorizont

In dieser Aufgabe ist ein Leserbrief zu verfassen, der vom Text ausgeht, aber darüber hinausgehen kann und soll. Die zu vertretende Meinung im Leserbrief ist offen, es sollten aber Argumente für die eigene Position gegeben werden. Leserbriefe sind traditionell eher kürzere Texte, d. h., es geht nicht um eine umfassende Darstellung des Themas, eher um eine klare und deutliche Stellungnahme zum Thema. Dabei kann Bezug genommen werden auf im Unterricht Bearbeitetes zum Thema *The American Experience.* Wichtig ist, dass die eigene Meinung deutlich benannt und logisch begründet wird.

Stichpunktlösung

Suggestion for letter
Dear Sir/Madam,
At last, at last, somebody has realised the positive impact immigration can have on our society. I was very pleased to read the article "Embracing Illegals" in the July 18 edition. For far too long this country has been told that immigration from South and Central America must be stopped. Aren't we a country that has been built by immigrants from all over the world? What would have happened, for example, if American policy had stopped Irish immigration in the 19th and 20th century. We would not be famous for the Model T - Henry Ford was of Irish origin - and Kennedy, also of Irish ancestry, would not have been our president. American culture and American society would be poorer and probably even more boring without the steady influx of new cultures, ideas and people who are willing to work hard and make a living here. The same must be true for immigration from South and Central America and, finally, people - or, more importantly, the economy - are beginning to understand that. This is an important step toward the liberalisation of immigration laws, which is badly needed. We don't need a wall between Mexico and the USA, we need politicians that make laws to help immigrants to build their lives here and to contribute to this "melting pot" that is the USA.
Sincerely

Erstellen Sie nun eine ausführliche Lösung (Stichpunktlösung zum Vergleich).

Notizen

Trainingsaufgabe 3
Interpretation und Analyse – Sachtext

Aufgabentyp	Interpretation und Analyse
Material	Thomas L. Friedman: "The New 'Sputnik' Challenges: They All Run on Oil". In: *The New York Times,* 20. Januar 2006
Thema	The challenge facing America
Niveau	Leistungskurs
Bewertungseinheiten	80 Punkte

Aufgabenstellung

1. Point out what Friedman says about the present challenges America has to face and what he considers the only possible way to meet them.
(Comprehension) (16 P)
2. Examine how Friedman tries to convince his readers that action must be taken urgently to prevent "the decline of our way of life" (l. 57). Refer to the use of language and the argumentative techniques he employs.
(Analysis) (24 P)
3. Choose one of the following tasks:

3.1 The author refers to the adaptation of the American Dream by the new global players India, China and the former Soviet Union (cf. ll. 26 – 27). Discuss whether their version of the American Dream can serve as a model in the 21st century, illustrating your view with examples of countries you have studied.
(Evaluation: comment) (20 P)

3.2 You are a guest student at an American college where Friedman's suggestion to introduce a gasoline tax is hotly debated among many of the students. One of your teachers makes you prepare a speech for or against this suggestion. Write a short speech to be held in class in which you refer to Friedman's article and argue from the perspective of a young European.
(Evaluation: re-creation of text) (20 P)

Notizen

Material

Thomas L. Friedman, "The New 'Sputnik' Challenges: They All Run on Oil", *The New York Times,* January 20, 2006.

The New 'Sputnik' Challenges: They All Run on Oil

DETROIT - I came to Detroit looking for the hottest new American cars. Instead, I found Sputnik.

You remember Sputnik - the little satellite the Soviets launched in 1957. The Eisenhower administration was so stunned it put the U.S. into a crash program to train more scientists and engineers so America could catch up with the Russians in the space race. Well, for anyone paying attention, our generation's Sputnik showed up at the annual Detroit auto show this month. It's not a satellite. It's a car. It's called the Geely 7151 CK sedan. It seats a family of five, gets good mileage and will cost around $10,000 when it goes on sale in 2008. It's made in China.

That doesn't get your attention? Well, there's another Sputnik that just went up: Iran. It's going to make a nuclear bomb, no matter what the U.N. or U.S. says, because at $60-a-barrel oil, Tehran's mullahs are rich enough to buy off or tell off the rest of the world. That doesn't worry you? Well, there's a quieter Sputnik orbiting Earth. It's called climate change - a k a Katrina and melting glaciers.

What am I saying here? I am saying that our era doesn't have a single Sputnik to grab our attention and crystallize the threat to our security and way of life in one little steel ball - [...]. But that doesn't mean such threats don't exist. They do, and they have a single common denominator: the way we use and consume energy today, particularly oil.

Friends, we are in the midst of an energy crisis - but this is not your grandfather's energy crisis. No, this is something so much bigger, for four reasons.

First, we are in a war against a radical, violent stream of Islam that is fueled and funded by our own energy purchases. We are financing both sides in the war on terrorism: the U.S. Army with our tax dollars, and Islamist charities, madrasas and terrorist organizations through our oil purchases. Second, the world has gotten flat, and three billion new players from India, China and the former Soviet Union just walked onto the field with their version of the American dream: a house, a car, a toaster and a refrigerator. If we don't quickly move to renewable alternatives to fossil fuels, we will warm up, smoke up and choke up this planet far faster than at any time in the history of the world. Katrina will look like a day at the beach.

Third, because of the above, green energy-saving technologies and designs - for cars, planes, homes, appliances or office buildings - will be one of the biggest industries of the 21st century. Tell your kids. China is already rushing down this path because it can't breathe and can't grow if it doesn't reduce its energy consumption. Will we dominate the green industry, or will we all be driving cars from China, Japan and Europe?

Finally, if we continue to depend on oil, we are going to undermine the whole democratic trend that was unleashed by the fall of the Berlin Wall. Because oil will remain at $60 a barrel and will fuel the worst regimes in the world - like Iran - to do the worst things for the world. Indeed, this $60-a-barrel boom in the hands of criminal regimes, and just plain criminals, will, if sustained, pose a bigger threat to democracies than communism or Islamism. It will be a black tide that turns back the democratic wave everywhere, including in Iraq.

The one thing we can do now to cope with all four of these trends is to create a tax that

Notizen

fixes the pump price at $3.50 to $4 a gallon - no matter where the OPEC price goes. Because if consumers know that the price of oil is never coming down, they will change their behavior. And when consumers change their behavior in a big way, G. M., Ford and DaimlerChrysler will change their cars in a big way, and it is cars and trucks that consume a vast majority of the world's oil.

The more Detroit goes green, the faster it will be propelled down the innovation curve, making it more likely that Detroit - and not Toyota or Honda or the Chinese - will dominate the green technologies of the 21st century. A permanent gasoline tax will also make solar, wind and biofuels so competitive with oil that it will drive their innovations as well.

George Bush may think he is preserving the American way of life by rejecting a gasoline tax. But if he does not act now - starting with his State of the Union speech - he will be seen as the man who presided over the decline of our way of life. He will be the American president who ignored the Sputniks of our day.

Wortzahl: 797

Ausgangstext: Sach- und Gebrauchstext (Leitartikel)
Fundstelle des Textes: Thomas L. Friedman, „The New 'Sputnik' Challenges; They All Run on Oil", The *New York Times,* January 20, 2006.
http://select.nytimes.com/2006/01/20/opinion/20friedman.html?hp

Anmerkungen

14 aka: *abbreviation for* also known as - **14 Katrina:** name of the hurricane that destroyed New Orleans in 2005 - **24 madrasas:** Islamic schools or seminaries in India and Pakistan that the US considers to be involved in planning and organizing terrorist attacks - **45 $3.50 to $4 a gallon:** ca. double the present American gasoline price and close to the European price level - **45 OPEC:** Organization of Oil Exporting Countries, an organization of countries that produce and sell oil - **46 G. M.:** General Motors, an American car-producing company

Zugelassene Hilfsmittel

Einsprachiges Wörterbuch
Zweisprachiges Wörterbuch

Notizen

Lösungsvorschlag 3
So knacke ich die Aufgabe

Checkliste zur Selbsteinschätzung

Darüber sollten Sie Bescheid wissen:	Alles klar	Noch einmal nachlesen
I. Methodisches Wissen		
Herausarbeiten von zentralen Aussagen		eigene Notizen; Klausur-Vor-/-Nachbereitung
relevante Teile eines Textes in eigenen Worten wiedergeben		
den Kontext eines Textes bestimmen und beschreiben		
Gliederung und Strukturierung der Argumentation des eigenen Textes		
sicherer Umgang mit Analysetechniken		
Erkennen von Redemitteln und deren Analyse		
korrektes Belegen und Zitieren		
Aufbau einer überzeugenden Stellungnahme bzw. einer formellen Rede		
II. Inhaltliches Wissen		
Einfluss des technischen Vorsprungs der Sowjetunion in der Raumforschung auf die amerikanische Politik und Gesellschaft		Internetrecherche, z. B. bei: en.wikipedia.org; www.about.com
ökonomische Herausforderung wegen der Industrialisierung von China, Indien usw.		*globalisation – threat or opportunity:* www.imf.org
der American Dream, insbesondere ökonomische Aspekte *(quality of life, living standards)*		
Ölabhängigkeit: Auswirkung auf die USA, insbesondere in der islamischen Welt		
ökologische Herausforderung, die Entwicklung von grünen Technologien		www.foe.org
III. Literaturwissenschaftliches Wissen		
Möglichkeiten der Rezeptions- bzw. Leserlenkung		people.howstuffworks.com (Menüpunkt Culture & Traditions)
Fachvokabular zur Textanalyse		

Notizen

Notizen

Aufgabenstellung

1. **Point out** what Friedman says about the present challenges America has to face and what he considers the only possible way to meet them. (Comprehension)

Tipp: Worauf kommt es an?

Die Aufgabe ist dem Anforderungsbereich I (s. S. 14) zuzuordnen. Gefordert ist die Zusammenfassung der Sichtweise und Argumentation des Autors. Die Bearbeitung der Aufgabe ist Grundlage für die Bearbeitung der weiteren Aufgaben, sollte jedoch kurz gehalten werden.

Erwartungshorizont

Die drei Herausforderungen, mit denen sich die USA im 21. Jahrhundert laut Friedman konfrontiert sehen, sollten genannt werden. Friedmans These, die Position der USA sei wegen ihrer Abhängigkeit vom Öl erheblich beeinträchtigt, und seine Schlussfolgerungen sollen erläutert werden.

Stichpunktlösung

- Three challenges confronting America: rapid industrialisation, China, India (e.g. ll. 7–9, l. 25) – role of OPEC nations in Middle East, especially Iran, that could endanger US (e.g. ll. 10–12, ll. 22–25) – climate change, development of environmentally neutral technologies (e.g. ll. 13 f., ll. 27 f.),
- Friedman's conclusion: position of USA in a globalised world greatly weakened by dependence on oil, (ll. 18 f.),
- Friedman convinced USA must either charge a higher price for gasoline or levy a tax on gasoline to reduce its oil-dependence,
- Friedman expects two results: a) development of more economical cars by US car industry/Detroit, (ll. 47–49), b) encouragement/promotion of renewable energy (ll. 50–54).

Erstellen Sie nun eine ausführliche Lösung (Stichpunktlösung zum Vergleich).

Aufgabenstellung

2. **Examine** how Friedman tries to convince his readers that action must be taken urgently to prevent "the decline of our way of life" (l. 57). Refer to the use of language and the argumentative techniques he employs. (Analysis)

Tipp: Worauf kommt es an?

Diese Aufgabe ist dem Anforderungsbereich II (s. S. 16) zuzuordnen. Hier sollen die erarbeiteten Aussagen der Aufgabe 1 vertieft werden. Es werden analytische Kenntnisse verlangt, die auch das entsprechende Fachvokabular voraussetzen.

Erwartungshorizont

Die Sputnik-Metapher, die Struktur der Argumentation und die Art und Weise, wie Friedman den Leser anspricht (durch direkte Ansprache, den Gebrauch von Personalpronomen und den Gebrauch der Sprache der Angst), sollten hier untersucht werden. Die Sprache, die eine breite Leserschaft ansprechen soll, muss dabei in die Betrachtung einbezogen und genau analysiert werden.

Arbeitsschritte

Was muss ich tun?	Alles klar
Aufgabenstellung verstehen, Operatoren prüfen	
Text erneut lesen und untersuchen; wichtige Textstellen hinsichtlich Friedmans These und Argumentation markieren	
die eigene Meinung stichpunktartig darstellen	
eine Struktur für die zu schreibende Rede aufbauen Leitfragen: ■ Wie kann ich meine Rede einleiten? ■ Welchen Standpunkt vertritt Friedman und warum? ■ Wie stehe ich als europäischer Gast zu Friedmans These und Umweltfragen generell? ■ Wie kann ich das Interesse meiner Zuhörer für meine Argumentation erwecken? Welche Stilmittel kann ich anwenden? ■ Wie kann ich meine Zuhörer am effektivsten von meiner Argumentation überzeugen? Welche Betonungsmittel kann ich anwenden?	
Text schreiben	
abschließende Fehlerkorrektur unter besonderer Berücksichtigung der typischen Fehler alter Klausuren	

Stichpunktlösung

- Sputnik metaphor: a) unexpected challenge that demanded a rapid reaction, b) structural function (title, introduction, conclusion),
- argumentation and/or structure: a) title (main focus of text, catching of reader's interest) b) structural/ordering devices: "First", "Second", "Third", "Finally",
- how Friedman speaks to reader: a) direct address, e.g. "You remember Sputnik" (l. 3), "... for anyone paying attention" (l. 6), "That doesn't get your attention?" (l. 10), b) use of first person personal pronouns we/our, c) use of language to create feelings of anxiety/insecurity: "the threat to our security" (l. 16), "the decline of our way of life" (l. 57), comparison between cold war/war on terrorism (l. 23),
- choice of language appropriate to a wide readership: a) informal, friendly tone, e.g. first person pronoun "I", "You/Friends", "catch up" (l. 5), "Well", "buy off or tell off" (l. 12) b) use of short sentences: "It's a car. It's called ..." (l. 7), "Tell your kids". (l. 33) c) use of if-sentences with we: "If we don't quickly move to ..., we will ..." (ll. 27f.), "If we continue to ..., we are going to ..." (ll. 37f.),

Notizen

- stylistic devices used for emphasis: alliteration (l. 22), parallelism (ll. 7–9), metaphor (black tide, l. 42), enumeration (ll. 28 f.).

Erstellen Sie nun eine ausführliche Lösung (Stichpunktlösung zum Vergleich).

Aufgabenstellung

3.1 The author refers to the adaptation of the American Dream by the new global players India, China and the former Soviet Union (cf. ll. 26–27). **Discuss** whether their version of the American Dream can serve as a model in the 21st century, illustrating your view with examples of countries you have studied. (Evaluation: comment)

Tipp: Worauf kommt es an?

Die Aufgabe ist dem Anforderungsbereich III (s. S. 20) zuzuordnen. Die Bearbeitung erfordert eine Auswertung und Bewertung des Erarbeiteten in einem größeren Zusammenhang *(comment)*. Bei Aufgabe 3 sollte der Text vor dem Schreiben genau entworfen und strukturiert werden, was in der Zeitplanung bedacht werden muss.

Erwartungshorizont

Bei dieser Aufgabe ist die eigene Meinung zu den genannten Aspekten schlüssig darzulegen. Dabei sind selbst gewählte Beispiele mit in die Argumentation einzubringen.

Stichpunktlösung

- (Asia/Eastern Europe): understanding of American Dream reduced to material goods alone; other aspects (freedom, pursuit of happiness ...) ignored, positive and negative results of a global American Dream based solely on consumption (house, car, washing-machine, toaster),
- consequences of spread of American Dream, e.g. to countries of Africa, Eastern Europe, Latin America,
- evaluation of arguments for and against as answer to question if the reduced (i.e. materialistic) American Dream can ever be practicable, realisable basis of a globalised world.

Erstellen Sie nun eine ausführliche Lösung (Stichpunktlösung zum Vergleich).

Aufgabenstellung

3.2 You are a guest student at an American college where Friedman's suggestion to introduce a gasoline tax is hotly debated among many of the students. One of your teachers makes you prepare a speech for or against this suggestion. **Write** a short speech to be held in class in which you refer to Friedman's article and argue from the perspective of a young European. (Evaluation: re-creation of text)

Notizen

Tipp: Worauf kommt es an?

Die Aufgabe ist dem Anforderungsbereich III (s. S. 20) zuzuordnen. Erwartet wird eine Stellungnahme zur Friedmans Argumentation in Form einer Rede. Unerlässlich dabei ist die Anwendung der gattungsspezifischen gesprochenen Sprache und Struktur.

Erwartungshorizont

Bei der zu schreibenden Rede sollte in der Einleitung Bezug auf Friedmans These genommen werden. In der Begründung wird die persönliche Meinung mit eigenen Ideen bzw. Argumenten erwartet. Die europäische Sichtweise soll dargelegt werden. Ausdrucksweise und Ton der Rede sollen durch Gaststatus und Zuhörer geprägt sein.

Stichpunktlösung

Suggestion for a speech:
My dear fellow students,
As some of you know, I am a guest student from Germany. I am honoured to have the opportunity of speaking to you this afternoon about environmental concerns from a European point of view.
I recently read that the economist Thomas L. Friedman thinks that the US government should introduce a tax on gasoline as the only way of reducing oil consumption.
Now, I know it is a difficult and even risky thing to speak as a guest in a foreign country on what seems a domestic matter such as this. However, as a European, I must tell you that we in Germany have had a heavy tax on fuel for decades. Today, over 70 % of the price of a litre of gasoline is tax.
Although some may complain about the size of the tax, nobody questions the principle. Is this, perhaps, because in densely-populated Europe we are more aware of environmental issues?
To begin with, I agree with Mr Friedman that our dependence on oil, much of which comes from the Middle East, means that we are faced with an absurd paradox. As he points out, we are both fighting terrorism with our taxes and financing it with our oil imports. Is this acceptable? I hope you won't think me rude when I say, "No, it isn't".
Secondly, huge countries like China, India and Brazil, which are in the process of industrialising, and others like the former Soviet Union and the countries of Eastern Europe obviously want to have their share of the world's resources and to become equal partners. And who can blame them? Aren't they just following our own example?
But the result of this understandable wish to enjoy a higher standard of living means that we are faced with a shortage of all forms of energy, most particularly oil.
With respect, in my opinion the only answer is that we must all, Americans and Europeans alike, consume much less energy ourselves and turn to renewable alternatives.
But I am convinced that we should not make the terrible mistake of looking at the question of oil-dependence from a narrowly economic point of view. To me, as a German, the issue of climate change caused by the burning of carbon fuels is still more important. This is surely the greatest danger facing us all, a much greater danger than that of international terrorism, for example.
The truth of the matter is, my friends, that if we don't do something - and do it now - nobody is going anywhere. Is that what we want for our children?

Erstellen Sie nun eine ausführliche Lösung (Stichpunktlösung zum Vergleich).

Notizen

Mein Lösungsweg
So knacke ich die Aufgabe

Dieses Formular hilft Ihnen, Abituraufgaben zu knacken. Und so geht's:

- **Checkliste:** Machen Sie sich klar, was Sie wissen müssen, um die Aufgabe lösen zu können. Tragen Sie die Punkte in die Checkliste ein.
- **Arbeitsschritte:** Welche Schritte sind konkret notwendig, um die Aufgabe zu knacken? Schreiben Sie sie auf.
- **Stichpunktlösung:** Welche Aspekte müssen in der Lösung vorkommen? Notieren Sie Ihre Lösung in Stichpunkten.

Checkliste zur Selbsteinschätzung

Darüber sollte ich Bescheid wissen:	Alles klar	Noch einmal nachlesen
I. Methoden (z. B. Personen charakterisieren, Textinterpretation schreiben)		
II. Inhalt (z. B. Kenntnisse über Autor, Werk, Epoche)		
III. Textanalyse (z. B. Gestaltungsprinzipien, Erzählperspektive, Argumentationsstruktur, Stilmittel)		

Arbeitsschritte

Was muss ich tun?	Alles klar

Stichpunktlösung

-
-
-
-
-

Erstellen Sie nun selbst eine ausführliche Lösung.

Textquellen (verwendete Literatur)

- ***Clarke, David:*** Besser in Englisch Oberstufe. Textarbeit für die Abschlussklassen. Berlin 2003
- "Embracing Illegals". In: Business Week, 18. Juli 2005. (S. 187/188)
- "New technology too advanced for own good". In: Daily Collegian, University of Massachusetts internet student newspaper, 18. Oktober 2004. http://www.infowars.com/print/science/newtech.html (S. 52/53)
- "The Case for Slow and Easy Capitalism: It Works". In: Newsweek, 2. Juli 2001. (S. 81/82)
- ***Amidon, Stephen:*** Human Capital. New York 2004, S. 190 - 193. (140 - 142)
- ***Andrew, Meira:*** "One Parent Family". In: Magee, Wes (Hrsg.): A Shooting Star. Oxford 1985, S. 10 - 11. (S. 92)
- ***Barry, Dave:*** "Survival of mankind rides on the successful pickup line". In: Miami Herald, 26. September 1999 © 2005 Herald.com and wire service sources. All Rights Reserved. http://freerepublic.com/focus/news/1342224/posts (originally published on Sept. 26, 1999). (S. 101/102)
- ***Daniels, Chris/Kher, Unmesh/Taylor, Chris:*** "More Power to You". In: Time, 15. Dezember 2003. (S. 33/34)
- ***Friedman, Thomas L.:*** "The New 'Sputnik' Challenges: They All Run on Oil". In: The New York Times, 20. Januar 2006. (S. 196/197)
- ***Goldenberg, Suzanne:*** "Religious right fights science for the heart of America". Copyright Guardian News & Media Ltd 2005. (S. 157/158)
- ***Graff, James:*** "Follow the Stars". In: TIME Europe Magazine, 7. Februar 2005. (S. 148 - 150)
- ***Hill, Amelia:*** "An Afghan hounded by his past". In: The Observer, 7. September 2003. Copyright Guardian News & Media Ltd 2003. (S. 90)
- ***Hosseini, Khaled:*** The Kite Runner. London 2003, S. 1 - 5. (S. 90/91)
- ***Klinkenborg, Verlyn:*** "The Grandeur of Evolution in a new Exhibition called Darwin". In: The New York Times, 19. November 2005. (2005) by The New York Times Co. Reprinted with permission. (S. 157)
- ***Kureishi, Hanif:*** "My Son the Fanatic". In: Love in a Blue Time. London 1997, S. 119 - 131, 124 - 126. (S. 107 - 109)
- ***Larson, Alan:*** "Making Globalization Work For Workers". In: Economic Perspectives, Vol. 5/Nr. [illegible], Februar 2000, S. 13 (eJournal USA, U.S. Department of State). (S. 59/60)
- ***Manzoor, Sarfraz:*** "Be selfish: do a good deed". From: The Guardian, 15. Dezember 2004. (S. 67)
- ***Oates, Joyce Carol:*** "Love, Forever". In: Martin, W. (Hrsg.): More Stories We Tell. The Best Contemporary Short Stories by North American Women. Knopf Publishing Group New York 2004, S. 142 - 145. (S. 123 - 125)
- ***Power, Carla:*** "Understanding Hate". In: Newsweek, 23. Juli 2001. (S. 169/170)
- ***Robinson, Simon:*** "Time to Play Fair". In: Time, 27. Juni 2005. (S. 42/43)
- ***Shakespeare, William:*** The Tragedy of Hamlet, Prince of Denmark, I, 2, 129 - 158 (z. B. in: Wells, Stanley u. a. (Hrsg.): William Shakespeare. The Complete Works. Oxford 1988, S. 657 ff.). (S. 133)
- ***Springsteen, Bruce:*** "Chords for Change". In: The New York Times, 5. August 2004. (S. 116/117)

- *Tharoor, Shashi:* "Hey, You! Turn Off That Phone!" In: Newsweek, 31. Mai 2003. (S. 24/25)
- *Unsworth, Barry:* Sacred Hunger. New York 1992. Reproduced by permission of Penguin Books Ltd. (S. 67/68)
- *Wells, Paul:* "A New Irish Migration". In: Maclean's. Canada's Weekly Newsmagazine, 22. August 2005. (S. 179/180)
- Zeitungsartikel (o. Autor) aus: Newsweek International, 15. Dezember 2003 (http://www.sueddeutsche.de/jobkarriere/775/301772/text/29). (S. 178/179)

Bildquellen

- "Embracing Illegals" Foto. In: Business Week, 18. Juli 2005. (S. 189)
- *Hardin, Patrick:* "What's it all about?" (Cartoon). galleri.magiskamolekyler.org. © by Patrick Harin (S. 159)
- Illustration: Sklavenschiff (www.blues.is/saga.htm). (S. 69)
- *Kallaugher, Kevin:* Cartoon. In: International Herald Tribune, 23. Oktober 1992. (S. 35)
- *Stevens, Mick:* Cartoon. In: The New Yorker, 9. September 2002. The New Yorker Collection 2002. Mick Stevens from cartoonbank.com. All Rights reserved. (S. 25)

Verwendete Original-Prüfungen

Der Abdruck der Original-Prüfungen (Trainingsaufgaben) erfolgt mit freundlicher Genehmigung der Ministerien. Die Lösungsvorschläge liegen nicht in der Verantwortung der Ministerien. Aus Gründen der Lesefreundlichkeit haben wir an einigen Stellen Begrifflichkeiten vereinheitlicht.

- Bayrisches Staatsministerium für Unterricht und Kultus
  S. 66 - 69, S. 156 - 159, S. 178 - 180
- Hessisches Kultusministerium
  S. 52 - 53 (Musterprüfung), S. 123 - 125 (Musterprüfung), S. 140 - 142
- Kultusministerium Freistaat Thüringen
  S. 33 - 35 , S. 41 - 43
- Kultusministerium Sachsen-Anhalt
  S. 24/25, S. 169/170
- Ministerium für Bildung, Jugend und Sport (MBJS) Brandenburg
  S. 66 - 69, S. 116/117, S. 148 - 150
- Ministerium für Schule und Weiterbildung (MSW) Nordrhein-Westfalen
  S. 107 - 109 (Musterprüfung), S. 132/133 (Musterprüfung), S. 195 - 197
- Niedersächsisches Kultusministerium
  S. 187 - 189
- Sächsisches Staatsministerium für Kultus
  S. 89 - 92
- Sekretariat der Ständigen Konferenz der Kultusminister der Länder in der Bundesrepublik Deutschland (KMK) www.kmk.org/schul/home.htm (dort: Veröffentlichungen/Beschlüsse → EPA) S. 59/60, S. 80 - 82

Stichwortverzeichnis